不登校の子どもに親ができること

4つのタイプ別対処法

C・A・カーニー 著
今井必生 訳

創元社

はじめに

あなたは今、どのような状況に悩んでいますか？

「子どもが先週ずっと学校を休みました。朝起こすこともできません。私の方がイライラします。どうしたらよいのでしょうか？」

「最近、息子が時々学校をさぼっていることに気づきました。とても信じられません！どうして学校をさぼるのでしょうか？　息子の中で何が起こっているのでしょうか？」

「学校には何とか連れて行くのですが、毎朝長時間のバトルです。もう疲れました。もっと楽に学校に行ってもらえないものでしょうか？」

「いつも一緒にいて欲しいとせがみます。無理に離そうとすると何か私の方が悪い気がしてきて……。何日か仕事を休んで、教室に一緒にいてやった方がよいのでしょうか？」

いかがでしょう、近いものがありますか？

子どもが学校に行けなかったり、行く時につらそうにしているのを見ると、イライラしたり心配したり、ショックでどうしてよいか分からず、怒ってしまうかもしれません。その気持ちは、よく分かります。しっかり食事をして、友達と遊び、夜に寝て朝に学校に行くのが当然と私たちは思っています。
どれかうまくできないと心配になり、子どもとケンカになることも多くなることでしょう。「私は何をやっているんだろう？　これからどうなるのだろう？　どうやったら学校に行ってくれるのだろう？」と、不安になるのは当然です。
学校に行きなさいとプレッシャーをかけていいものかと、迷う人もいます。親としては、子どもに苦しんで欲しくないけれども、一方で、教育を受けなければこれから先どうなるのか心配です。いざ子どもと向き合っても、自分も朝は仕事に行かなければいけません。私には二人の子どもがいますが、朝のバタバタはよく分かりますし、もし子どもが学校に行きたがらないとなるとどんなことになるか充分想像できます。

さらに問題なのは、不登校が親には理解しづらく、解決も難しいということです。でも安心してください。

この本の一番の目的は、親子で不登校の解決法を見つけることです。今よりももっと楽に子どもを学校に行かせることができます。

私は何年も不登校の問題に取り組み、子どもが登校できるように親を支援してきました。この経験をもとに本書を執筆しました。子どもが朝に登校して、日中に学校にとどまるために何をすればよいかアドバイスし、もう少し楽に登校できる方法もご紹介します。

第1章では不登校がどのようなものか、また、それにともなう問題を理解していただきます。第2章では、学校に行けない理由を特定していきます。不登校の理由を見つけることはとても重要です。というのは、ある人に有効な方法が、他の人には有効とは限らないからです。例えば、母親にしがみついて泣いている六歳の子への対処法は、昼に教室を抜け出して居場所を親に知られたくない一五歳への対処法とは違うのです。

不登校の理由が分かれば、登校しやすくする方法を検討することができます。それを第3、4、5、6章で紹介します。不登校のタイプ別で分けて説明してありますが、全ての章を読むことをおすすめします。違うタイプの不登校を扱った章も、あなたの子どもに当てはまることが書かれてあるかもしれません。

最後の第7章では、不登校の再発防止法を紹介しました。

いずれにしても、子どもを登校しやすくするために知っておかなければならないことは全てこの本に盛り込んであります。

C・A・カーニー

不登校の子どもに親ができること
4つのタイプ別対処法
Contents

第3章　学校に漠然と不安を感じる

第4章　人と関わったり人前で何かする場面を避ける

第5章 親と一緒にいたくて学校に行きづらい

第6章 学校外で楽しむために学校に行きづらい

装幀・本文デザイン…中山詳子（松本中山事務所）　イラスト…かわしまちかこ　編集協力…林聡子

※本書購入者に限り、この本の中のワークシートと契約書を
ダウンロードしてご利用いただけます。以下にアクセスしてください。
https://www.sogensha.co.jp/12066.pdf

第1章

不登校とは何でしょう？

不登校について考えてみよう！

不登校は登校が難しかったり、一日学校にいることができなかったりする状態のことです。しかし一口に不登校と言っても、その内容は様々です。次に不登校の色々な形を示します。一番当てはまるものにチェックを入れてみてください。

- □ いやいやながら登校して、休ませて欲しいと訴える
- □ 学校に行きたくないために、何度も朝に問題を起こす
- □ 遅刻を何度もする
- □ 定期的に欠席や早退をするようになる
- □ 欠席・早退と出席を繰り返す
- □ 一定期間完全に欠席する
- □ 長期間欠席が続く

どの状態が、あなたのお子さんに近いでしょうか。ここで紹介した例とは違う場合は、どんな状態か左に書いてみましょう。

そうすけ君の例で考えてみたいと思います。

◎そうすけ君は一二歳で、中学校に入ったばかりです。初めての場面が苦手で、新しい教師、新しいクラス、小学校よりも多い宿題に、少し圧倒されているようでした。上級生がたくさんいることも不安です。

最近では、朝起きることができなくなってきました。先週の月曜は学校を休もうとして朝に暴れて、火曜は早退して、水曜は欠席、木曜は遅刻しましたが、金曜は問題なく学校に行きました。

そうすけ君のような状況は、家族にはとても大変でしょう。不登校の問題の一つは、「予想できない」ことです。朝にどうなるか親もよく分からないことが多いのです。ですからこの本では、不登校に関する一日の問題を全て網羅して、誰もが問題に取り組むことができるようにします。

不登校が問題の中心ですか？

本書は、登校や出席が難しい子どもには効果的です。出席すること、つらさを和らげることに重点を置いています。一方、宿題をしたくないとか、友達ができない、学校で話せないという悩みは、不登校の子どもによく見られる問題でもありますが、本書ではその問題を取り上げません。また、不登校というより他の問題の方が困るなら、精神科や心理の専門家の受診を検討してもよいかもしれません。

この本がしっかり役に立つ場合とあまり役に立たない場合を、次頁の表にまとめました。役に立ちそうか検討してください。

●不登校の期間について

不登校になってから二カ月未満の場合は、この本は効果的です。また、以前不登校だったというケースでも役に立ちます。

例えば、次のりおさんのような場合は有効です。

◎りおさんは一四歳の中学二年生です。九月から学校に行くことがつらくなりました。学校にいるのも苦痛で、友達と授業を途中で抜け出したりしています。

昨年も同じようなことがありましたが、数カ月でもとに戻り、十一月から六月までは問題なく登校できていました。

●その他の問題

本書の対象は、問題がそれほど多くはなく、状態も重症でない子どもとその家族です。例えば、不登校が一番の問題だとか、不登校だけが問題の場合には本書は有効です。

もし、不登校だけではなく、家庭内でも家族を無視するとか、友達がいない、注意欠如・多動症（ＡＤＨＤ）やうつ病のような、もっと深刻な問題を抱えている場合は、精神科や心理の専門家の受診を検討してください。

また、親子関係がよい場合の方が有効です。

本書が役に立つケースと役に立たないケース

本書が役に立つケース	本書が役に立たないケース
● 登校や出席が難しい。 ● 最近、登校を嫌がるようになった。 ● 症状や問題が多くない。 ● 行動面の問題が深刻でない。 ● 学校に行く必要があるのに、行くことができない。 ● 状態の変化が少ない。 ● 子どもに登校して欲しいと、親がしっかりと思っている。	● 登校も出席もできるけれど、家で宿題をすることが難しい。 ● 長期間不登校の状態にある。 ● 様々な症状や問題がある。 ● 注意欠如・多動症（ADHD）、暴力、非行、物質乱用、極度の不安、抑うつなど行動面の問題が深刻。 ● 学校に行けない正当な理由がある（病気、いじめなど校内の問題）。 ● 不登校の状態が日に日にひどくなっている。 ● 登校して欲しいと、本当に思っているのか親に自信がない。

不登校に「お手上げ」状態かもしれませんが、それが普通です。そんな状況でも、不登校を解決するには、両親がお互いに支え合って結束しなければなりません。両親が色々なことでケンカしたり言い合ったりしている場合や、親が強い不安や落ち込み、アルコールや薬物の依存、その他の問題がある場合には、精神科や心理の専門家の受診を検討しましょう。

正当な理由で登校しない場合

本書は、子どもが学校に行くべきなのに行けない時には有効です。正当な理由で学校に行けない場合にはあまり役に立ちません。正当な理由がどんな場合かを把握しておきましょう。

- 実際に喘息などの病気がある
- 医療受診が必要
- 家族の緊急事態が発生した場合や葬儀などの儀式がある
- 悪天候（警報）
- 家がないなど、登校できない深刻な家族状況
- 学校に行くと子どもや持ち物に危険がおよぶ時

学校に行くと危険がおよぶ場合とは、行き過ぎたからかい、非難、いじめ、言葉や身体的な暴力や脅し、盗難、物を壊される、同級生や学校職員などからの性的その他の虐待などがあります。こういった理由で子どもが学校に行くことを拒否している場合は、本書の方法を試す前に、問題を解決しなければなりません。

　このようなケースでは、親、学校職員、場合によっては弁護士も集まって、問題を解決することをおすすめします。いじめや脅しを排除して、犠牲になった子どもの孤立感を減らす必要があります。校内は友達と移動させるようにして、学校職員も問題になりそうなことがないかしっかりと見守って防ぐことが大事です。いじめやその他の問題が解決してもまだ子どもが学

校に行けない場合に、この本を試しましょう。

学校環境が嫌、という理由で学校に行かない子どももいます。授業がつまらない、宿題なんか必要ない、頭の固い先生の授業が面白くない、いじわるな先生がいるなどと文句を言っているかもしれません。友達から何となく脅されているように感じてしまう、先生から無視されている、教室に人がいっぱいい過ぎる、意味もない校則を守らなきゃいけないのが嫌と言う子どももいます。こういった状況でも、何とか楽しみを見つけて学校に適応していく子どももいますが、学校に行かなくなってしまう子どももいます。

中には、子どもの訴えがもっともだと思えるケースもあります。このような時には、学校職員とどうしたら妥当な範囲で満足度を高めることができるか、相談し続けることをおすすめします。時間割の変更や教師の変更、カリキュラムの変更もできるかもしれません。例えば、子どもを課外活動に参加させたり、課外授業をしてもらったりする方法もあるでしょう。

時には転校を考える親もいるでしょう。たとえ子どもが転校したいと繰り返し訴えても、今の学校で不登校の問題を解決することをおすすめします。転校は、必ずしも最善の策ではありません。孤立など、元の学校での問題は転校先でも起こるからです。現在の学校の様子があまりにも敵対的で耐えかねるという場合でなければ、転校は最後の手段と考えるべきです。

親による不登校

親の中には、子どもを意図的に登校させない人もいます。また、子どもが出席しようがしまいがあまり気にしない親もいます。このような場合は、本書は役に立ちません。しかし、この本を手にとったということは、不登校を解決したい、子どもを助けたいと強く願っているからでしょう。なぜ子どもを登校させない親がいるのでしょうか？　よくある理由を次にあげますので、自分の場合と照らし合わせてチェックしてみてください。

- □ 弟や妹の世話をさせたい
- □ 家計を助けるために子どもに仕事をさせたい
- □ 虐待のサインを教師に見せたくない
- □ 離婚した配偶者に子どもを連れて行かれたくない
- □ 家事を手伝ってもらいたい
- □ 悪いことをしたペナルティ
- □ 子どもと離れたくないという親の側の問題
- □ 教師と激しく対立している

□不要な家庭学習をさせている
□親が過度な心配性で、子どもに家の番をさせる
□学校の悪影響を心配している

不登校でどのような問題が起きますか？

不登校の子どもには、どんな問題がよく起こるでしょうか？　すでにお分かりかもしれませんが、行動面で様々な問題が起こります。問題は大きく分けて、あまり目につかないものと、はっきり目につくものとがあります。

それぞれについて、お子さんに当てはまるものにチェックをつけてみましょう。

【目につきにくい問題】

□何か悪いことが起こるのではないかという漠然とした不安
□周りに人がいる場面や人前で神経質になる
□学校へ行かなければと思うと、何となく悲しくなったり落ち込んだりする
□イライラしたり、落ち着きがない
□通学路、食堂、先生など学校に関わるものを怖がる

□胃痛、頭痛、腹痛、震え、吐き気、嘔吐、頻尿、筋肉の緊張、下痢、めまい、意識が遠のく感じなどの身体症状。他に、ドキドキ感、頭がふらっとする感じ、息苦しさ、過呼吸、発汗、月経関連の問題
□眠れない、極度の疲労感（特に朝）
□集中できない
□人と会わなくなる

【目につきやすい問題】
□泣く、叫ぶ、蹴る、手足を振り回すなどのかんしゃく
□朝、布団から出ようとしない、動かない
□親や教師の言うことを聞かなかったり反抗したりする
□部屋や車に閉じこもる
□学校に行くまいと家から逃げ出す、校舎から逃げ出す
□お母さんやお父さんなど、大人にしがみつく
□嘘をつく
□「本当に明日学校に行かなきゃダメ?」「家にいちゃダメ?」「悪いことが起こったらどう

するの？」など同じような質問を繰り返す。こうした質問をしながら何度も「学校が嫌い」「学校に行きたくない」「学校に行かされたりなんかしないから」など言い続ける

□学校を休むために親や他人に暴言・暴力を振るう

近いものがありましたか？　ここにないものがあれば、左に書いてください。

いくつかチェックできればＯＫです。どれかはチェックが入ると思います。不登校の子どもはこういった行動をとることが多く、日に日に変化もします。

次に、あおいさんの例で、具体的に見てみましょう。

◎あおいさんは八歳です。登校にとても苦労しています。親の話では、ぎりぎりまでベッドから出てきませんし、準備もだらだらしているので、家族が仕事に遅刻してしまうということです。家族と大ゲンカになりますが、「朝は不安になって、気持ちが悪くなるし、学校は怖いから行きたくない」と言います。

なぜそういうふうに思うのか聞いても、答えることができません。朝はかんしゃくを起こしたり、**登校途中に車の中で泣いたり、学校に行かせようとするとお母さんの名前を叫んだりします。**

あおいさんの例を見ると、

目につきにくい問題↓心配になる、落ち込む、怖くなる
目につきやすい問題↓ぐずぐずする、かんしゃくを起こす、名前を叫ぶ

があることが分かります。多くの場合、この両方の問題があります。また先ほど書いたように、問題は日替わり、週替わりということも多いのです。

このような様々な行動を目の前にすると、どうしようもないと思われるでしょう。それも当然です。私は日常的にこういう問題と向き合っています。一緒に取り組んでいきましょう。

不登校はめずらしいこと？　私だけなの？

あなたの子どもだけが不登校なわけではありません。私は長年、不登校の問題や不安障害を持った子どものためのクリニックを運営しています。数え切れない親が、「こんなクリニックがあったのか」とか、「今はこういうクリニックが必要な世の中なのか」と驚きます。不登校の問題がこんなに多いことを信じられないようなのです。しかし、実際に不登校の問題はとても多いのです。

アメリカでは、二八％もの子どもが不登校を経験します。これには前に紹介した色々な不登校の行動、例えば、学校にいることがつらいとか、朝の問題行動、遅刻、早退、欠席などが含まれています。つまり不登校は、注意欠如・多動症（ＡＤＨＤ）やうつ病などよく耳にする問題よりもずっと多いのです。

不登校になる子どもはどんなふうに見えますか？

不登校になる子は、実は普通の子どもに見えます。冗談のように聞こえるかもしれませんが、実際どんな子どもが不登校になりやすいかを区別するのは難しいのです。不登校には男女差はなく、どんな国から来た子どもでも不登校になります。

性別、民族、国籍は不登校にほとんど関係ないようですが、年齢については違います。不登校が一番多い年齢は一〇歳から一三歳です。思春期や中学生になった子どもは、特にリスクが高いのです。

今までと違う学校に通う時も、不登校のリスクが高まると言われています。例えば、幼稚園、小中高校に入学したり、別の地域に移ったり、転校したりする時などです。また、新小学一年生にとっては、丸一日、学校に行くのは初めてのことで、これをきっかけに不登校になる場合もあります。

しかし、どんな年齢でも不登校になり得るということは覚えておいてください。何年も同じ学校に通っている五年生でも不登校になるのです。多くの場合、何年もかけて不登校の問題はだんだん大きくなっていきます。

ゆうま君の例を見てみましょう。

◎ゆうま君は、一〇歳の五年生です。この二週間学校を休んでいます。ゆうま君の不登校は二年生ごろから始まっていたと両親は言います。二年生の九月には、ずっと泣いていました。しかしそれはその後なくなり、三年生になると学校のことで過敏になったり、不安になったりするようになりました。この状態は一〇月まで続きました。

四年生では、具合が悪くなることが多くなり、欠席する日も出てきました。欠席するのは、たいてい月曜日でした。四年生の終わりが近づいてくると、登校させようとすると大暴れして欠席しなければ手がつけられない状態になりました。五年生になったら変わるだろうと両親は考えていましたが、五年生になるとすぐに登校しなくなりました。

年々不登校の様子がひどくなっているかもしれませんが、そういうこともよくあります。しかし、ひどくなる前に芽を摘み取ってしまうことが重要です。

医療的な問題

不登校の子どもの多くは、頭痛や胃痛などの身体症状を訴えます。しかし、実際に医療的な問題があることもあります。例えば、喘息や呼吸器系の病気は、万国共通の欠席原因です。睡眠障害も、よくある欠席理由です。他にもインフルエンザ、アレルギー、月経困難（月経の時に強い痛みや不快感）、糖尿病、虫歯などがあります。

もちろん、これ以外にも登校に影響を与える病気はありますが、いずれにせよ登校しない理由が体の症状の場合は、まずは医学的な診察と治療を受けましょう。本書を試す前に、まず医学的な問題を解決してください。

病気のふりをしている、と決めつけないことが大切です。私は以前、登校する時に胃が痛むという九歳の女の子の治療をしたことがあります。みんな、この女の子が仮病を使っていると思っていましたが、実際には胃潰瘍だったのです。

体の症状がある場合には、まずかかりつけ医や近所の小児科を受診するのがよいでしょう。どんな症状か、いつ症状が起こるのかを全て伝えます。そのためにも、いつ、どのくらいの時間続くのか分かるように症状の記録をつけておきましょう。

土日に「魔法のように」消える症状には特に注意が必要です。医師に医学的な原因がないと診断されたら、本書を使いましょう。学校に行きたくないために仮病を使う子どももいます。病気は、学校を休む正当な理由ですが、子どもは小さいころからそれを知っているのです。

どんな検査にも引っ掛からない症状を訴える子どももいます。こういった症状には胃痛などがありますが、実際に子どもは痛みを感じているものの、親の気を引いたり、登校しなくてすむように痛みを大げさにすることもあるのです。

column

初登校や転校をスムーズにする工夫

新しい環境に慣れることは、誰にとっても大変です。特に子どもの場合、初登校や転校で環境になじめないことがあります。この時には何をしたらよいか、おすすめの方法を紹介します。

❶ 学校が始まるまでのオリエンテーションには全て出席させる。
❷ 学校が始まる1週間前までに、必要な物は全て購入、確保する。
❸ 学校の建物に充分慣れるために、親子で学校を歩き回る。
❹ 親子で学校の先生に会えるように調整する。
❺ 登下校が不安にならないように朝晩練習する。
❻ 学校が始まる2週間前から、朝の準備のリハーサルをする。
❼ 登校前夜は、登校で子どもが心配していることを話し合う。
❽ 登校初日は子どもの対応に備え、スケジュールを柔軟に変更できるようにする。

長い間不登校だとどうなる？

よくないこともお伝えしなければなりません。不登校が続くと、問題も増えてきます。成績は下がり、宿題は増え、友達関係も減ったりなくなったりします。数週間休むと、期限がある課題がたくさんできて、クラスからも孤立するように感じますます登校が難しくなります。

何年も不登校の状態が続くと、非行や中退につながりやすくなります。中退は大学への進学や就職の妨げになるので、大きな問題です。中退した子どもは大人になると、経済問題や結婚の問題、社会的問題を抱えやすくなるという研究結果もあります。中退した全ての人に当てはまるわけではありませんが、こうした人の多くに、うつ病や依存症などの精神医学的治療が必要になることもあります。

家族への影響はどうでしょうか？　短期的には、家族がごたごたして苦しみ、ケンカをしてスクールカウンセラーや教師のところへ何度も通うようなこともあるでしょう。不登校が続いて親も仕事を休んだ

りすれば、法的な問題や経済的な問題を抱えることもあります。どうしようもないという気持ちや絶望感も表れて、だんだん子どもの面倒をみなくなる親もいます。

何もかも失われたように感じる時もあるでしょうが、子どもを登校させて、学校のつらさを和らげることはできます。しかし問題に取り組むには、親子の努力が必要だということは、頭に焼きつけておいてください。そうすれば、本書は不登校を解決する助けになります。

何をもって成功とするかを決める

本書が有効だと、どうやって判断すればよいでしょうか？　子どもが学校に戻って、全部出席するというのが一番分かりやすい判断基準です。こうなれば、登校に以前ほどの苦痛は感じなくなっていることでしょう。しかし、人それぞれで「成功」の中身は違います。

例えば、長い期間不登校の状態だった場合には、部分的に単位を取ったり、代わりになる学校に通学するようになったり、試験で単位を取ったり、学校でのメンタルヘルスサービスを受けるようになることが成功と言えるかもしれません。よい教育や卒業資格を得るのに役立つことなら、どれか一つでも成功と言えると考えましょう。

本書を試してみて、役に立たないと思うなら、いくつかの原因が考えられます。

第一に、状況が本書と合っていないことです。その場合は他にもっと幅広い方法が必要かもしれません。精神科医やカウンセラーは注意欠如・多動症（ＡＤＨＤ）や長期の不登校のようなより重い状態の場合に助けになります。精神科医やカウンセラーの指導のもとで本書を行うという方法もあります。

第二に、間違った方法を適用している場合です。この場合は、第2章を読んで、不登校の原因をしっかりと確かめてください。

第三に、まだ短い期間しか実行していないという可能性があります。本書の方法は一学年中ずっと実行しなければなりません。学校に戻ってしまうと、安心してもう構わなくなる親がいますが、少なくとも数カ月は実践しなければなりません。

本書が役に立ちそうで、今の状態に当てはまるなら、さっそく取りかかりましょう！

●連絡先のリストアップ

子どもをより楽に登校させるには、親と教職員の連絡を密にする必要があります。そのために、必要な連絡先をリストアップしてください。まずは、必要な関係者の名前、電話番号、メールアドレスのリストを、ワークシート1に書いてください。ワークシートはバインダーに保存し、本書の方法に取りかかる時には、記録を見てうまくいっているかを判断します。

WORK SHEET

ワークシート❶ ～連絡先リスト～

自分

夫／妻

子ども

近所の親戚や協力者（近所の人や友達）

生徒指導の先生、学習支援員、学校相談員など

先生

校長先生

スクールカウンセラー

養護の先生

●教師との話し合い

次に行って欲しいことは、教師やカウンセラー、生徒指導員との面談の日程をすぐに調整することです。もう面談はしたという人もいるかもしれませんが、本書を使う前に、もう一度、面談して、これから行おうとしていることを知ってもらいましょう。

子どもにより苦痛なく学校に行ってもらうためには、親と教師が同じ考えで進む必要があります。まだ面談していないなら、次のような情報を聞いてみるとよいでしょう。

■欠席状況（何回、どのように、よくなっているのか悪くなっているのか）
■授業スケジュールと成績
■宿題や必要な補習
■どのくらいつらそうか、同級生とのやりとりの様子、問題行動など学校での様子
■出席規定、校則、早退についてのルール
■学校に行かせる日程計画や登校させる際に問題となること
■欠席が続いた時の法的、教育的、その他の問題

長期欠席に対する学校の方針などは、一度質問すれば済むことです。ただし、必ず情報は書

きとめて、いつでも見ることができるようにしておきましょう。この本のMEMOページに書いておくのもよいかもしれません。その他の情報は状況によって変わるので、時に応じて更新することが必要です。更新が必要な情報は宿題や補習に関することがほとんどです。毎週、次頁のワークシート2に記入しましょう。

残念ながら、親と教師がうまくいっていないケースもたくさんあります。問題に取り組む時に、非難し合ってしまうこともよくあります。しかし、教職員と対立したりもめたりすることは、できるだけ避けるようにすることを強くおすすめします。

子どもにより苦痛なく登校してもらう作業は、チーム作業です。みんなが一緒に協力しなければなりません。もしも教職員とうまくいっていないのであれば、頻繁にコミュニケーションをとるようにしたり、不登校の解決を話し合う場を作ったりしてください。

WORK SHEET

ワークシート❷ ～今週やること～

日付

　　月　　日～　　月　　日

今週やること	解決すべき課題

第2章

不登校の4つのタイプ

不登校の様子を観察し記録しよう

これから行うことの中でも、不登校の様子を観察することはとても重要です。特に実際にどのくらいの時間学校にいるのか、どのくらいつらさを感じているのか、朝にどのような問題があるかという点は注意して観察してください。

本書では毎日、子どもの行動を観察していただきます。これにはいくつかの理由があります。毎日、登校にまつわる問題の状況を知ることは、両親、子ども自身、学校職員にとても役に立つからです。次のような利点があります。

■「実際にどのくらいの時間学校にいるのか」「どのくらいつらさを感じているのか」「朝にどのような問題があるのか」に、より注意が向くことになります。
■一週間でどのように行動が変化するか分かります。
■なぜ学校に行けないのか分かります。
■本書が実際に役に立つのか分かります。
■お互いに詳しい情報をやり取りすることができるようになります。
■問題が解決した後も、不登校が再発するサインを探すことができるようになります。

毎日記録をとるべき行動の中で最も重要な点は、「実際に学校にいる時間（出席）」「学校に関するつらさの程度」「朝の問題行動」です。それぞれを詳しく説明します。

実際に学校にいる時間

毎日学校にいる時間を増やすことは、大切な目標の一つです。そのためには、今、どのくらい学校で過ごせているのか、以前よりも登校できる日が多いのか少ないのかを知ることが必要です。これを知ることで、目標に近づいているのか、あるいは出席を増やすのに何を改善しなければならないかが分かります。

実際にどのくらい学校で過ごせているのか、よく分からないという方もいるでしょう。もちろん、毎日学校に子どもを連れて行って、そこで起きる問題を目の当たりにしている方もいます。その場合は、出席状況がよく分かっていると思います。しかし、授業を抜け出したり、早退したりしていることを親に隠していて、出席状況がよく分からないという場合もあります。

あるいは、子どもの出席状況がまったく分からなかったり、そういうことは教師が親に教えるべきだと考えている人もいるかもしれません。こう考えるのも自然なことです。でも、その考えは変えなければいけません！

出席状況をしっかり把握していようがいまいが、実際にどのくらいの時間学校に行っているかを記録することは重要なのです。出席状況の記録をとるには、カウンセラーや教師、出席の問題に関わってくれる職員など、子どもが実際に学校に行っているのかを教えてくれる人たちの助けが必要です。担任の先生に毎日電話やメールで尋ねることができたり、出席状況のお知らせの手紙をもらえるようにお願いしてもよいでしょう。時間がかかることですが、学校職員とどんな形であれ不登校の問題について毎日コミュニケーションをとることはとても大切です。こうすることで、その日からすぐに問題に取りかかることができます。

どのくらい学校にいるかを記録するために、次頁のワークシート3を使ってください。

一列目は、学校で子どもが実際にいた時間を書いてください。一日ずっと学校にいることができたら、「一日」と書きます。学校にいることができない時間があったら、必ず記録してください。例えば、本来は月曜日の午前九時から午後三時まで学校にいなければならないのに、午前一一時まで登校できなかったとします。この場合は学校にいることができた時間は四時間なので、月曜の欄には「4」と書いておきます。

二列目には、学校に本来の時間いられなかったのは、正当な理由からかそうでないかを、「はい」か「いいえ」で記録します。例えば、火曜日に病気にかかってしまっていたら、火曜日の

WORK SHEET

ワークシート❸

	学校で過ごした時間	正当な欠席？（はい／いいえ）
月曜		
火曜		
水曜		
木曜		
金曜		
月曜		
火曜		
水曜		
木曜		
金曜		
月曜		
火曜		
水曜		
木曜		
金曜		

登校時間

下校時間

欄に「はい」と書きます。正当な理由での欠席の時しか「はい」を書いてはいけません。

最後に、ワークシートの一番下には、本来の登下校時刻を書いてください。この時刻から、学校に行っていない時間がどのくらいの割合なのか知ることができます。例えば、六時間学校に行かなければならないのに、そのうち二時間学校に行けていなければ、本来登校するべき時間の三三％を欠席していることになります。また、登下校時刻を知ることで、朝の準備時間を管理したり、学校からすぐに帰って来たのかチェックできます。


ワークシートに記入できない特殊な場合もあります。例えば、毎日登校しているけれど、かなりつらい思いをしている場合です。この場合でもワークシートには毎日、「一日」と記録されます。あるいは、校舎の中には行くけれど、教室に入らない場合です。このケースは、子どもは学校に入るので記録は「出席」になります。また、全然学校に行けず、毎日欠席という場合もあります。こういう場合でも、毎日記録してください。

本書を使っていくと、出席状況は変化していきます。例えば、一時間、二時間という具合にだんだんと学校や教室に戻るようになる子どももいます。このため何時間学校にいることができたかを知ることはとても大切なのです。また、問題をすぐに把握したいということもあります。学校にいる時間が少なくなってきたら記録していればすぐに気づき、素早く対応することができます。

学校についての「つらさ」の程度

もう一つの目標は、子どもにもっと苦痛なく学校に行ってもらうことです。そのためには、学校についてどのくらい「つらさ」を感じているか、あなたと子どもそれぞれで、毎日記録することが重要です。「つらさ」というのは不安、心配、落ち着かなさ、不快感、神経質さ、怖さ、恐怖という意味も含んでいます。

子どもが「つらさ」を表現する方法は様々ですが、泣いたり、しがみついたり、かんしゃくを起こしたり、イライラしたり、落ち着きがなかったり、引きこもったり、家から出たくないと言ったりする表現はよく見られます。

次頁のワークシート4に、子どもの「つらさ」の表現を書いてみてください。

ワークシートの一列目には、あなたが考える子どもの「つらさ」の程度を記入してください。0点をまったくつらくない状態、10点を最悪の状態として記入しましょう。

二列目には子どもに、どのくらいつらかったかを記入してもらいます。この際、子どもをある点数にしようなどと誘導しないでください。あなたが考えた点数と、子どもが感じている点数が違うかもしれませんが、それはそれでいいのです。目標はあなたの書いた点数も、子ども

WORK SHEET

ワークシート❹ ～つらさの程度～

	あなたから見たつらさの点数			子ども自身のつらさの点数		
	朝	午後	夜	朝	午後	夜
月曜						
火曜						
水曜						
木曜						
金曜						
土曜						
日曜						
月曜						
火曜						
水曜						
木曜						
金曜						
土曜						
日曜						

0　1　2　3　4　5　6　7　8　9　10

全然つらくない　少しつらい　まあまあつらい　けっこうつらい　かなりつらい　最悪

が感じている点数もどちらも下げて、なんとか乗り切れる程度にまでにすることです。

子どもが自分の点数は別のシートに書きたいと言うなら、それもOKです。自分の点数は親に見せたくないと言うなら、それでもよいですが、毎日記録しているかどうかはしっかり把握しておきましょう。

さらに、一日の「つらさ」のパターンを知るために、朝、午後、夜のそれぞれの「つらさ」の点数を記入してください。これを知ることで、どう対処したらよいか考えることができるようになります。

例えば、以下のようなパターンをご紹介します。

◎こはるさんは、学校へ行く前の朝だけつらさを感じています。そのため朝のつらさ得点は他の時間帯より高いことが多いです。

◎ゆいと君は朝の登校は問題ないのですが、時間が経つにつれてつらくなってきます。そのため、午後のつらさが他の時間帯より高いことが多いです。

◎あおい君は、登校前日の夜に一番つらさを感じています。そのため、夜のつらさが他の時間帯より高いことが多いです。

◎ほのかさんは学校のある日は、一日中つらく感じています。つらさの点数はいつでも高いままでです。

こんなケースもあります。「私の子どもは、学校の一つのことだけにつらさを感じているのですが、その場合はどうしたらよいでしょうか?」。

例えば、校舎に入る時だけ、教室に入る時だけ、人前で話す時だけ、食堂で食べる時だけ、あるいは学校が始まる前の一五分間だけつらいというふうにです。このようにある一つの状況だけにつらさを感じている場合は、その時だけのつらさの得点をつけてください。校舎に入る時だけがつらいのであれば、毎日校舎に入るつらさについて点数をつけてください。

また、日中にどれだけ子どもがつらいかを、どうやって知ったらいいのかという疑問もあるでしょう。登校前と登校前日の夜についての得点はつけることができるはずです。それでも得点をつけることができないというのであれば、その時間帯に子どものそばにいる人と話して、子どものつらさを根拠のある点数でつけましょう。

午後、早退してしまっていたら、その時のつらさの点数をつければよいですし、そうでなければ学校から帰って来た時の点数を記録しましょう。可能なら、教師やカウンセラーに毎日聞いてみたり、出席やつらさの程度を書いた左のような記録カードをお願いしましょう。

ワークシート❺ ～毎日の記録カード～

WORK SHEET

日付

学校で過ごした時間

今日のつらさの点数（0から10点）

0	1	2	3	4	5	6	7	8	9	10

全然つらくない　少しつらい　まあまあつらい　けっこうつらい　かなりつらい　最悪

学校での問題行動

今日の宿題やその他のメモ

土日も点数をつけなければならないの？　と不思議に思う方もいるかもしれません。土日も点数をつけるには、いくつか理由があります。

第一に、週末もつらく感じている子どももいるからです。これこそ、本当の苦痛のサインです。

第二に、多くの子どもが日曜の夜にとても苦しくなるからです。日曜の夜に苦しくなるということをしっかりと知っておく必要があるのです。ですから、土日にも本書を使う必要があります。

つらくは感じていないけれど、とにかく学校に行かない場合はどうしたらよいでしょうか？　学校に行くことがつらくなくても、友達と一緒にいたいために授業をさぼったり、学校に行かなかったりする子どももいます。

この場合でも、あなたも子どもも毎日つらさの

得点をぜひつけてください。さぼらずに学校に行くようになって、教室にいなければならなくなると、ある程度嫌だなと感じるかもしれません。得点をつけることで、今つらいかどうかが分かります。

朝の問題行動

もう一つの目標は、登校前の朝の問題行動を減らすことです。そのために、朝の問題行動を記録することが重要です。「朝はめちゃくちゃで、ストレスがたまり、ケンカばかりです」と嘆く親御さんも多いです。朝の準備がもっとスムーズで自分の思った通りになるように一緒に取り組んでいきましょう。まずは、現状をはっきりさせましょう。

不登校の子どもは、しばしば朝に問題行動を起こします。月曜日から金曜日の間に当てはまるものがあれば、次頁のワークシート6に記入しておいてください。例えば、月曜日に子どもがしがみついてくるようなことがあれば、「大人にしがみつく」というところの月曜日の欄にチェックをします。

これを毎日行って、当てはまるところは全てチェックします。リストにない問題行動があれば、下の欄に書き込んでください。朝の問題行動がない場合はこのワークシートは不要です。

WORK SHEET

ワークシート❻ ～朝の問題行動～

	月	火	水	木	金
ベッドから出ない動かない					
学校の準備をしない					
部屋や車から出ない					
大泣きする					
かんしゃくを起こす					
のろのろする					
親から離れない					
腹痛などの訴え					
家や学校から逃げ出す					

不登校の四つの理由を知る

不登校には、色々な表現があります。イライラさせられたり、お手上げだと感じたりすることもあるでしょう。もう少し簡単に不登校を理解する方法はないでしょうか？　あります！不登校の理由に注目すればよいのです。なぜ学校に行きづらいのでしょうか？　答えを一緒に考えていきましょう。

学校に行きづらくなる理由は四種類あります。そのうちの一つが原因となっていることもあれば、いくつかの理由が組み合わさっていることもあります。子どもが表現する色々な問題に振り回されるよりも、不登校の四つの理由に注目した方が対応しやすくなります。どの理由が当てはまるかが分かれば、どうすればよいかも分かりやすくなります。

まずは、次のどの理由があなたの子どもに一番近いか考えてください。

①学校への漠然とした不安で行きづらい。
②人と関わったり人前で何かしたりする場面を避けるために学校に行きづらい。
③親と一緒にいたいために学校に行きづらい。
④学校外での楽しみのために学校に行きづらい。

①学校に漠然と不安を感じる場合

小さい子どもの場合には、学校が漠然と不安で行きづらくなっていることがよくあります。何が嫌なのか言うことができる子もいますし、何を嫌がっているかはっきり分かる時もあります。例えば、次のようなものです。

■校舎や教室に入ること ■特定の教師や職員 ■教室や校庭など特定の場所 ■友達やクラスメート ■校舎内での移動（例えば、教室から体育館など） ■食堂 ■動物、火災警報器、その他の物

しかし、ほとんどの場合は、何が嫌なのか分からなかったり、言えなかったりします。この方が普通です。何が嫌なのかはっきり言わないので、親や教師がイライラさせられる時もあります。その結果、親や教師は何度も同じ質問をしてしまって、結局何も分からなかったり、子どもはつらいと言うけれど、それが本当なのか信じることができなくなったりします。

もしかするとあなたの子どもも、同じ状況かもしれません。なぜ言えないのでしょうか？

第一に、嫌なことをはっきりとは表現できないのかもしれません。学校で「気持ちが悪くな

る」ということしか分からず、ただただ学校へ行きたくないと言う子どももいます。要するに、子どもは本当につらいと感じているのだけれど、なぜつらいのかを表現する力がないということです。小さい子どもの場合は、当然のことです。

第二に、本当につらいのだけれど、特別な理由がないのかもしれません。繰り返しますが、これは小さい子どもではよくあることです。しかし、何が嫌なのか分からなくても、つらさを減らす取り組みはできます。どこが具合悪いの？　と何度聞いても答えることができなければ、もう質問はやめましょう。

つらくて学校に行けない子どもは、一般的には五歳から一〇歳くらいの比較的小さい子どもが多いですが、どんな年齢でも同じ状況になることはあります。いつもとは限りませんが、朝や日中に次のような行動をするかもしれません。チェックしてみてください。

□泣いたり、涙を流したりする
□不安になったり、神経質になったりする
□悲しくなったり、他の人と接触しなくなったりする
□不機嫌になったり、イライラしたり、落ち着きがなくなったり、緊張したりする
□学校のことがつらくて、集中したり眠れなくなったりする

□学校に行きたくないと言ったり、学校が「嫌い」と言ったりする
□胃痛、頭痛、吐き気など体の症状を訴える
□声や手が震える
□家で勉強させてとか、休ませてと言う
□学校にいる動物など特定の物や場所を怖がる

こういう行動をする子どもは、どういうふうに学校を嫌がるでしょうか?
学校にはいやいや行くものの、学校に行ってもつらさを感じ続ける子どももいます。週末が近づくにつれてつらさの程度が小さくなってくる子どももいますし、学校がある日はずっと同じつらさを感じている子どももいます。親が学校に連れて行くと、途端につらくなり、校舎に入りたがらない子どももいます。最終的には親と大ゲンカして教室に行く子どももいますし、親の方がお手上げになって家に戻る子どももいます。土日、特に日曜の夜もこのつらさが続く子どもも少なからずいます。

たくみ君の例を見てみましょう。

◎たくみ君は七歳です。朝にぐずぐずして、ほぼ毎日学校に行きたくないと文句を言います。

朝は遅く起きて来て、起きて来たかと思うと胃が痛いと言って、朝中ずっと泣き、服を着るにもとても長い時間がかかります。

最終的にはお母さんがたくみ君を車に乗せて学校に連れて行きますが、校庭に着くと「学校なんか嫌いだ」と言って泣きます。何が嫌なの？　とお母さんも先生も聞きますが、たくみ君は肩をすくめて「学校に行きたくないだけなの！」と言います。最近は、夜になると学校の文句を言ったりするようになりました。特に日曜の夜にそういうことが多いようです。

これを読んでいて思い当たるところがあるのなら、学校がつらくて学校へ行かないのかもしれません。そのような子どもは、学校へ行かず家にいても、焦ったり、うしろめたいと思ったりしません。

同年代の子どもに比べても、かなり学校へ行くのがつらそう、という場合は本書が役に立つでしょう。この本の第3章を中心に読んでください。

②人と関わったり人前で何かする場面がつらくて行きづらい場合

小さな子どもは何が学校でつらいのかはっきり言えないことも多いですが、もう少し大きくなると何がつらいのかはっきりと言える子どもも増えてきます。大きな子どもがつらいと言う時には、特定の場面がつらさの原因となっていることもよくあります。

人前で失敗するんじゃないか、もたつくんじゃないか、恥ずかしい思いをするんじゃないかなどと心配しています。バカにされたり、笑われたり無視されるのを心配する子どももいます。気持ち悪くなったり、吐いたり、息苦しくなったり、赤面したり、おしっこを漏らすんじゃないかとか、気を失うんじゃないかと心配する子どももいます。

こういった子どもの多くは、自分が注目される場面を避けようとします。

特定の場面とはどのようなものを指すのでしょうか？　社交場面と発表場面があります。社交場面は、人との関わりがある場面。発表場面は、人前で何かをする場面のことです。どちらも子どもがとても神経質になったりつらく感じたりする場面です。

【子どもがつらく感じやすい社交場面】

■他の子どもや大人と会話を始めたり、会話を続けたりしなければならない場面。特によく知らない人との会話　■会話の途中で加わったり、自己紹介が必要な会話に加わったりする場面　■先生や偉い人にお願いする場面　■廊下で話す場面　■校庭で他の人と遊ぶ場面　■グループで取り組む場面　■グループ、チームに加わったり、クラブのミーティングに参加したりする場面　■集会や多人数が集まる場面　■電話で答えたり話したりする場面　■友達と予定を立てたり、懇親会の計画を立てたりする場面

【子どもがつらさを感じやすい発表場面】

■口頭発表など教室で人前で話したり読んだりする場面　■教室で先生の質問に対して自主的に答えたり、当てられたりする場面　■算数の問題を解くなど、教室の前で黒板に書く場面　■評価がつくようなテストを受けたり、その他の課題をしたりする場面　■体育の授業で何かをする場面　■更衣室で他の人がいる中で服を脱ぐ場面　■歌ったり楽器を弾いたりするなど、人前で音楽関係のことをする場面　■食堂で他の人と食事をする場面　■学校でトイレに行く場面　■人が見ている中で学校や教室に入る場面　■ダンスや課外授業などの学校行事に参加する場面　■写真撮影される場面

このような特定の場面を避けたいために学校へ行きづらくなる子どもは、通常は一一歳から

一七歳くらいの比較的大きな子どもです。しかし、どんな年齢でもこうした問題で学校に行きづらくなりることはあります。このような子どもは、よく次のような行動をします。

あなたのお子さんはどうかチェックしてみてください。

- □一日の中で決まった授業や決まった時間帯だけ特に不安がる
- □他の人が周りにいる時や、人前で何かをしなければならない時に神経質になる
- □ミスをすることやもたつくこと、恥をかくことを極端に心配する
- □体育や算数など決まった授業に出ない
- □テストや口頭発表、人前で何かをする予定がある授業に出ない
- □他の人と関わる場面を避ける
- □完璧ではないと言って宿題や他の課題を提出しない

では、出席の様子はどうでしょうか?　登校もして、学校にいる間つらいながらも全ての授業に出席はする子どもや、体育など一番不安になる授業だけ出席しない子どももいます。ある時間まるまる休んだり、昼休み後、あるいは一日休む子どももいます。

いちかさんの例を見てみましょう。

◎いちかさんは一四歳です。学校では一人ぼっちで孤独感があり、登校しづらくなっています。転校してから友達がなかなかできず、学校で発表する場面では頻繁に気分が悪くなっていました。特に、教室で質問に答えたり、他の人と話したりする時はとてもつらそうでした。「学校では恥ばかりかく」「私がやることは全部うまくいかない」と言います。恥ずかしがり屋で、人前で服を脱ぐのが嫌で体育の授業をずっと休んでいます。両親は、いちかさんについて、「学校がある日は悲しそうだし不安そうだけれど、週末になると元気になる」と言います。

もし、思い当たるところがあるなら、人と関わったり人前で何かする場面がつらくて学校へ行きづらいのかもしれません。こういった子どもたちは学校へは行きたくないとは言いますが、

家にいることにはそこまでこだわりません。
このケースの場合は、第4章が一番役に立ちます。

すでにお気づきかもしれませんが、これまで説明してきた不登校の二つの理由は、どちらも子どもがつらいと感じているという点で似ています。つまり、学校での何かがつらくて、それから逃れたいという理由で学校に行きづらいということです。自信を持ってどちらにも当てはまっていると思うなら、第3章と第4章が役に立ちます。
しかし、これまでの場合とは異なり、学校でのつらい何かから逃れたいということがあまりなく、学校外でもっとよいことを得たいという方が強い子どもがいます。特に、親と一緒にいたい、学校の外で楽しいことをしたいという理由で不登校になる子どもも多くいます。

③親と一緒にいたくて学校に行きづらい場合

小さな子どもの中には、家や仕事場で親と一緒にいたいので、学校に行きたくないと言う子どもがいます。学校をつらいと感じている場合もあるし、つらいと感じていない場合もありますが、いずれにしても親にかまって欲しいので家にいたいと思っている点では同じです。赤ちゃんの世話をしたがったり、家事の手伝いをしたがったり、親の職場に行きたがったりする子どもも多いです。

親と一緒にいたくて学校に行きたがらない子どもは五歳から一〇歳といった比較的小さな子どもが多いですが、どんな年齢の子どもでも同じような状態になることがあります。このような子どもの場合、学校がある日はよく次のような行動をします。チェックしてみてください。

□朝、学校にいくのに反抗する。かんしゃくを起こすことも多い
□家にいるために、頑固で、意図的で、操作的で、親の罪悪感を引き出すような行動をする
□家にいたいと言う
□一緒に学校にいて欲しいとか、一緒に昼ご飯を食べて欲しいと言う
□日中にしょっちゅう親に電話をする
□帰りはいつ迎えに来てくれるか何度も質問する
□親と離れてからどうなるのか、親に安心させてもらわないと落ち着かない
□家に帰るために学校から逃げ出す

こういったケースの子どもは「学校が嫌い」とは言わず、親といたがります。実際、親が一緒なら、喜んで学校に行くと言う子どもも多いのです。親の注意を引くために他の行動をとる

子どももいます。例えば、ベビーシッターに預けられたり、友達の家にお泊まりをしたり、親なしで友達の誕生日会に行く時などに、嫌だと大騒ぎすることもあります。一人で寝たり、親と違う階で寝ることができなかったりする子どももいます。

こういった子どもはどういう出席パターンになるでしょうか？

多くの子どもが、一日の少なくとも何時間か学校に行きません。通常は、朝の時間帯に学校に行けなくなります。家にいようと一番ねばる時間です。このため遅刻がとても多くなります。学校に行ってしばらく経つと落ち着いて、後は問題ありません。

しかし、大暴れして欠席してしまうこともあります。ひどい場合には、学校へは行くものの、すきを突いて学校から逃げ出して家の近くまで行こうとす

ることもあります。

親に何か悪いことが起こるのではないか、と心配する子どももいます。親が事故にあって二度と会えなくなるのではと心配したり、親に悪いことが起こって学校にずっといなければならなくなるのではと不安になる子どももいます。このような心配は、家の中での大きな変化がきっかけになることもあります。親が病気になったり入院したり、小さな交通事故や、引っ越し、両親がケンカしたり別居したり離婚したりすることがきっかけになることがあります。両親に悪いことが起こっていないか、度々確認しないと気がすまない子どもも多いです。

自分に何か悪いことが起こるのでは、と心配する子どももいます。学校で誘拐されて二度と親に会えなくなるのではないかと心配したり、親や家から引き離される悪夢を見ることもあります。悪いことは起こらないよと、度々言ってもらわないと不安になる子どももいます。

こういったケースでは、子どもは苦痛を感じていますが、学校に対してではなくて、親と離れることに対してです。親と離れる時につらそうな様子を見せるだけではなく、家にいるために反抗的で挑戦的な態度を示すことも多いです。

さなさんの例を見てみましょう。

◎さなさんは、六歳です。お母さんと一緒にいたいので、学校に行きたがりません。小学校に入学したばかりで、お母さんと日中ずっと離れていなければならないので、とても不安気です。「どうして家にいちゃいけないの?」と言いながら、朝には泣いて、足をどんどん踏み鳴らします。

お母さんは「学校に連れて行くのが毎日しんどい」「頑固で言うことを聞かない」と言います。お母さんは仕事を時々休んで、さなさんの教室の手伝いのボランティアをするようにしました。すると、朝の準備も少し楽になりました。しかし、あまりに仕事を休んでいるので、もうじき教室に行けなくなると思うと心配です。

思い当たるところがあるなら、親と一緒にいたいために学校に行きづらいのかもしれません。こういう子どもは学校のことを心配しているというよりは、親と一緒にいることができるかどうかを心配しています。この場合は、第5章が一番役に立ちます。

④ 学校の外で楽しいことをしたくて行きたがらない場合

比較的大きな子どもや青少年くらいになると、学校の外で楽しいことをしたいために学校に行きたがらないことがあります。学校がつらいとは言わないかもしれませんが、学校がつまらないと言うかもしれません。この場合は、親の気を引きたいわけではありません。逆に学校をさぼっていることを親に知られたくないと思っています。学校に行きづらいのは、次のようなことをしたいためであることが多いです。

■遅くまで寝ていたい　■テレビを見たい、ゲームをしたい、電話でしゃべりたい、インターネットをしたい　■同じように学校をさぼっている友達とゲームやスポーツがしたい　■自転車でどこかへ行きたい　■レストランやショッピングモールで一人か友だちとぶらぶらしたい　■学校外で食事がしたい　■アルバイトがしたい

学校外で楽しいことがしたいために学校に行きたがらないのは、一一歳から一七歳ぐらいの比較的大きな子どもが多いです。しかし、どんな年齢の子どもでも同じ状況になることがあります。このような子どもは次のような行動をとることがあるので、チェックしてみてください。

□誰にも知られず授業に出なかったり、学校の時間の大部分をさぼったりする
□学校をさぼろうと誘う友だちと一緒にふらつく
□休み続けられるように親やその他の人とケンカする

□学校がつまらなくなったり、やる気がなくなったりする
□学校をやめたいとか仕事に就きたいと親に繰り返し言う
□門限を破る

こういった子どもはどういう出席パターンになるでしょうか?

ほとんどの子どもは、楽しいことをするためにさぼります。一日中学校をさぼったり、トム・ソーヤーのように「ずる休み」することもあります。午前中の真っただ中や昼休みの後に授業を抜け出して、その後ずっと戻って来ない子どももいます。昼ご飯を学校外で食べて、そのまま学校を休む子どもも多く、友達以外には自分の居場所を知られたくないと思っています。

これは単純に卒業前にやる気がなくなって何回か授業を休むのとは違って、もっと重症です。ここでは、友達といたいとか、学校外の楽しいことをしたいために学校を休むような子どもの場合のことを取り上げています。このような場合、学校の欠席状況はひどくなります。

例えば、あさひ君の場合を見てみましょう。
◎あさひ君は、一六歳です。二週間学校を欠席していると学校から連絡が来ました。あさひ君は朝に登校しますが、昼前後になるとよく学校を抜け出しています。理由を聞くと、友達が更

衣室に来て、一緒に学校をさぼろうと誘うからと言います。
そんな時には、悪いことをしているなと思いつつも、行かないといけない気がして学校をさぼるのですが、友達と遊んでいる時は楽しいということでした。最近では、朝登校するとそのまま友達の家に行ってしまいます。成績も下がり始めました。

思い当たるところがあるなら、学校の外で楽しいことをしたいために学校に行きたがらないのかもしれません。こういう子どもの多くが学校をつらいと思っておらず、親に放っておいて欲しいと思っています。友達といることばかり考えて、学校を休んだ結果はあまり気にしていないことが多いです。

この場合は、第6章が一番役に立ちます。しかし、学校の外で楽しいことをするために学校へ行かない子どもでも、最終的に学校へ戻ることになると、学校にいることがつらいと感じることを覚えておいてください。

複数の理由で学校に行きづらい場合

ここまでで、あなたの子どもに一番当てはまるケースが見つかればよいですが、いくつも当てはまるように思われる場合もあるでしょう。それはそれで結構です。実際、複数の理由で学校に行きづらくなっている子どもも多いのです。

次のような例を見てみましょう。

◎さなさんは学校が嫌で行こうとせず、結局家にいる状態です。家にいると、ゲームなど楽しいことができることに気づきました！　さなさんは今は学校も嫌だし（学校への漠然とした不安）、家で楽しいことがあるので学校に行きづらくもなっています（学校外での楽しみのため）。

◎りこさんの両親は最近離婚しました。その後、りこさんは母親と一緒にいたいという理由で学校に行かなくなりました（親と一緒にいたいため）。りこさんは学校では恥ずかしがり屋で引っ込み思案です。学校でみんなが自分に話しかけようとするのが嫌と言っています（人と関わったり人前で何かしたりする場面を避けるため）。

◎ひろと君は学校に行くのも、学校にいるのも大変です。学校では、よく分からないけれど、心配でたまらなくなると言います（学校への漠然とした不安）。親と離れるのも嫌で、家で遊びたいと言うのです（親と一緒にいたいため、学校外での楽しみのため）。

こういう例は、複数の理由で学校に行きづらくなっているケースですが、それでもちゃんと回復します。

第3章

学校に漠然と不安を感じる

学校への漠然とした不安で行きづらくなっている場合

学校に行きづらくなる理由の一つは、学校にいるとつらくなるので学校に行きたがらないことです。昼食の時間が嫌だとか、校舎の中を移動するのが嫌というように、ある特定の場面に苦痛を感じることもありますが、多くの場合、子どもは何がつらいのか表現できません。それはそれで大丈夫です。いじめのような明らかに危険な状況でなければ、何がつらいのかはっきり分からなくても取り組むことができます。

一番大事なことは、つらいということを理解して和らげてあげて、学校に行けるようにすることです。ストレスを減らして、出席状況を改善していくことがこの章の目的です。

学校が全体的に嫌いという場合は、小さい子どものケースや、新入学する子どものケースが多いです。つらさを和らげて出席状況を改善するために、次の四つのことに重点を置きます。

① 「つらい」ということがどういうことかを理解します。つまり、つらさが体の「感覚」「考え」「行動」にどう表現されるかを理解します。
② 正しい呼吸法やリラクセーション法を身につけて、つらい体の「感覚」を和らげます。
③ つらさの背景にある「考え」に取り組みます。子どもが学校に行きたくないと言った時

にどうするかを勉強します。

④つらさを感じるために起こる「行動」に対処します。少しずつ学校に近づけて、教室にいる時間を延ばしていきます。

問題に取り組むには、あなたと子どもが、「つらい」ということが実際どういうことかをしっかり理解しなければなりません。つらさは、とても大きくて圧倒されそうな感じがしたり、どうしようもない感じがしたりするかもしれません。しかし、小さな問題に分けていくと、もっと分かりやすくなったり、コントロールしやすくなります。これが第一歩です。どんな種類のつらさがあるのかを知れば、そのつらさを和らげて、学校に行きやすくできるのです。

また学校に漠然とした不安がある場合、痛みや、ふらつき、震え、ドキドキするとか、息苦しさ、過呼吸のような不快な体の症状を訴えることが多いです。このような体の感覚を和らげるために、不安になった時に使う呼吸法やリラクセーション法を身につけてもらいます。練習はすぐできますし、痛みもなく、使うのも簡単です。つらい体の感覚をコントロールする方法があれば、多くの子どもは安心します。

この章では、学校や教室で過ごす時間を少しずつ増やすことにも取り組みます。色々な方法を紹介しますので、どれが一番役に立ちそうか見つけてください。

「つらさ」って何？

「つらさ」は、不安、心配、落ち着かない、不快感、神経質、怖さ、恐怖というように色々な形で表現されます。泣く、しがみつく、かんしゃくを起こす、イライラする、落ち着かない、引きこもる、家にいさせて欲しいとお願いしてくるなどの行動もあります。

「つらさ」は大きく分けて、三つの部分から見ることができます。あなたの子どもの場合、どの部分から見ると分かりやすいか考えてみてください。

①「感覚」↓痛み、ふらつき、震え、ドキドキ、息苦しさ、過呼吸（早過ぎる呼吸）などの不快な身体症状。

②「考え」↓通学途中で事故にあうんじゃないか、発表で皆に笑われるんじゃないかというように、悪いことが起こるのではというネガティブな心配。

③「行動」↓学校を避けるとか、誕生日会で人に会わないようにするなど、つらさの原因となる場所を避ける行動。

いかがでしょうか？　当てはまることはありますか？　もう少し詳しく見ていきましょう。

「感覚」での表現

学校について神経質になっていたり、登校時に「気分が悪い」と言ったり、泣いたりすることがあるかもしれません。親や先生が理由を知りたくて、たくさんの質問を何度しても結局分からないということがよくあります。子どもが自分の体の感覚ばかりに注目している、というのが一つの理由です。学校が体の不快感を起こして、この体の感覚ばかりに注目して動揺しているのです。

人間なのだから誰でも気分が悪くなったり、つらくなることはあります。これは親子でしっかりと覚えておきましょう。気難しい同僚と話さなければならないとか、店に品物を返品しなきゃならないというような嫌な場面を考えてみてください。つらくても何とか、やるべきことをするのが普通です。同僚に何が悪いのか質問したり、店に返品する時にはしっかり考えを伝えたりするという具合にです。

ただ、つらい気持ちをコントロールできず、前に進めない人もいます。これが、あなたの子どもが置かれている状況です。そこで、不快な感覚をコントロールする方法や、学校にしっかり出席する方法を教えなければなりません。

「考え」での表現

つらさの表現の一つが、「考え」です。つらい時や不安な時は、私たちも最悪の事態を想像することがあります。家族が学校や職場からなかなか帰ってこない時には、自動車事故にでもあったんじゃないかと心配するかもしれません。これは人間として当然の反応ですが、普通は問題になりません。というのも、最悪のケースはまず起こらないと分かっているからです。この例で言えば、車の事故が実際に起こることなどまずないので、渋滞に巻き込まれているとか、よくある可能性の方が当たっているだろうと考え直します。

しかし、最悪の事態ばかり考えて、他の可能性を考えられない人もいます。これは子どもにも当てはまります。例えば、本当は全然関係ないことで笑っているのに、人が笑っているのは自分の外見が変だからだと考えている子どもがいます。最悪の事態を考えるのは異常なことではありませんが、もし他の可能性が頭から追いやられてしまっていたら問題になります。誰かが冗談を言ったから笑っているんだとか、もっと他の理由を思いつかなければ、恥ずかしくてつらくなるのは当然です。

自分に置き換えてみましょう。同僚が一日中話しかけてこなかったら、どう思いますか？怒っているのではと考えるかもしれませんね。しかし、今日はよいことがなかったのかなとか、仕事が大変なのかなとか、しゃべる時間もないくらい忙しいのかも……など、他の可能性も考えるのが普通です。他の可能性を考えることで、少し気分が楽になります。

つらさを感じている子どもは、何がつらいのか、はっきりと分からないことが多いものです。親や先生がたくさん質問した時、その場のことは答えることができるかも知れません。しかし、違う場面を想像して、例えば、学校へ行く時に何がつらいかなどを想像して答えることができません。それはまだ子どもが小さく、つらいことを細かく表現できるほど発達していないからです。その代わり「学校が嫌い」「学校にいると気分が悪い」というような漠然とした答えしかできないのです。漠然とした答えしか聞けなくても、あまり心配しないでください。学校が嫌いと言われた時の対応方法はちゃんとあります。

「行動」での表現

最後に説明するつらさの要素は、「行動」です。つまり、つらいと感じた時に何をするかということです。学校がつらいと感じる子どもは、泣いたり、他の人と会おうとしなくなったり、学校を避けるようになります。かんしゃくを起こしたり、叫んだり、学校や家から逃げ出してしまうこともあります。一番困るのが、泣いて学校に行く時間が遅れることです。つらくて学校を避けようとする行動は朝が多く、特に、校舎や教室に入る時にひどくなります。

あなたの子どもの「つらさ」

あなたの子どもは学校がつらいと感じる時、どんな体の「感覚」を感じていて、どう「考えて」（あるいは言って）いて、どういう「行動」をとるでしょうか？　左の空欄に書いてみてください。よく分からないつらさの要素があれば、空欄のまま進みましょう。

つらい時の「感覚」

↓

つらい時の「考え」

↓

つらい時の「行動」

それぞれの「つらさ」の表現の関係

これまで見てきた「つらさ」の表現は、それぞれどのような関係があるのでしょうか？　一般的に、一つの「つらさ」の表現は別のつらさの表現につながります。「つらさ」の表現には一連のつながりがあるということです。これはきっとあなたの子どもにも当てはまります。

歯医者に行くのが嫌な人の例を考えてみましょう。

「つらさ」の図

歯医者の例

「感覚」での表現

もうすぐ歯医者に
行かなきゃならないと
思うと、気分が悪くなる。

↓

「考え」での表現

歯のことで恥をかくに
違いない。
そうすると傷つくだろうな。

↓

「行動」での表現

歯医者の予約を
キャンセルする。

歯医者が怖いと思っている人は、予約の一時間前になると体の症状（吐き気や痛み）が出てくるかもしれません。これは、体の「感覚」でつらさを表現しています。この体の感覚がひどくなっていくと、歯医者で痛いことをされるんじゃないか、汚い歯だなと言われるんじゃないかと、悪いことを考え始めます。これは、つらさが「考え」に表現されたものです。

体の感覚がさらにひどくなって、悪いことばかり考えるようになると、もう歯医者に行くのをやめようと思うこともあります。実際に歯医者の予約をキャンセルしてしまったら、これがつらさの「行動」です。

歯医者の予約をキャンセルしたら、どうなると思いますか？　きっと気分がよくなるでしょう。不安なことを避けると短期的には気持ちは楽になりますが、長期的にはどうでしょうか？　遅かれ早かれ歯医者には行かなければならず、先延ばしするとかえって事態を悪化させます。

同じことが不登校にも言えます。学校を避ければ短期的には気持ちが楽になるでしょうが、いずれはストレスに対処する方法を身につけて学校に行かなければならないのです。

あなたの子どもの場合は、朝どのような様子でしょうか？　最初にどの「つらさ」の表現が出るでしょうか？　多くの場合「感覚」が先に表現されます。朝起きるとお腹が痛かったり、体中が痛い感じがしたり、憂うつだったりというケースです。

こういう感覚がひどくなると、「学校は嫌い」とか「学校に行きたくない」と言い始めるでしょう。これは「考え」でのつらさの表現です。つらさの「感覚」や「考え」が悪くなっていくと、「行動」での表現になり学校に行くまいとするかもしれません。

「つらさ」の図

腹痛の例

「感覚」での表現

お腹が痛い。
気持ちが悪いし、
何か怖い。

↓

「考え」での表現

学校なんて嫌いだ！
学校に行きたくない！
学校があるのも嫌！

↓

「行動」での表現

今日は学校に行かない。
ベッドで寝ていたい。

他のパターンもあります。起きるや否や、学校に行きたくない（「考え」での表現）と言う子どももいます。興奮して、不安になって、どこかが痛くなります（「感覚」での表現）。そうすると、泣き叫んだり、隠れたり、かんしゃくを起こしたり、校舎に入ろうとしなかったりします（「行動」での表現）。

「つらさ」の図
学校へ行かないと言う例

「考え」での表現

学校なんて嫌いだ!
学校に行きたくない!
学校へ行かないよ!

↓

「感覚」での表現

気持ち悪い。
お腹が痛い。
寒気がする。
トイレに行きたい。

↓

「行動」での表現

泣き叫ぶ。
隠れる。
かんしゃくを起こす。

中には、まず行動で表現する子もいます。例えば、以前私が治療した女の子は朝起きるとすぐに泣いて学校へ行きたくないと言っていました。通学路の途中で下痢をするという問題もありました。このケースは「行動」(泣くこと)が最初で、「考え」(学校へ行きたくないということ)が次で、体の「感覚」(下痢)がその後に起きました。

「つらさ」の「感覚」を変える

つらさの表現パターンを描くことができたら、つらさが表現される体の「感覚」があるかどうか見てください。体の不快な「感覚」を和らげる方法はいくつかあります。緊張しながらリラックスすることはできないので、緊張していない状態で練習してください。
ここではつらさを和らげてリラックスする三つの方法を紹介します。『呼吸法』『筋弛緩法《きんしかんほう》』『一般的なリラクセーション法』です。どれが一番合うか試してみてください。

●呼吸法

不快な体の「感覚」を和らげる最初の方法は、正しい呼吸法です。浅い呼吸や早過ぎる呼吸によってつらい感覚がさらに強くなり、わけが分からなくなってしまうことがあります。つらくなると呼吸が浅くなったり、吐く息が少なくなってしまったりすることもあります。

《やり方》
①楽な姿勢で座らせ、口を閉じて鼻から息を吸い込む。息を吸う時には、胸のすぐ下の横隔膜や胃の部分まで深く吸い込む。
②口からゆっくりと息を吐く。

この練習は、あなたも一緒にやることをおすすめします。そうすれば子どもにも分かりやすいですし、あなたも呼吸法を身につけることができます。

小さな子どもの場合は、イメージを使うと役に立ちます。例えば、タイヤを膨らませたり、大きなぷかぷか浮かぶ風船を膨らませたりするイメージで呼吸させます。息を吸い込んでいくと、燃料やエネルギーがたくさん入ってきて、息を吐くとそれが出ていったりするように思い浮かべてもらうこともあります。目標は、呼吸をコントロールすることと、緊張した感じ（息を吸い込んだ後）とリラックスした感じ（息を吐いた後）の違いを感じてもらうことです。

呼吸法は体の「感覚」をコントロールして、リラックスさせる一番手っ取り早い方法です。つらいと感じた時はいつでも使うことができ、人目を引かずにできるのでよい方法です。

呼吸法は、一日に一回五分を三回すると効果的です。登校前の朝や、学校でつらいと感じた時に呼吸法を行うようにさせます。登校前日の夜が一番つらい時間であれば、その時に行いましょう。ただし、もしも子どもがやりたがらないなら強制するのはやめましょう。

●筋弛緩法

二番目のリラクセーション法は、筋弛緩法です。つらいと感じる時には、筋肉が緊張したように感じている子どももよくいます。特に手や顔、あご、胃の周りの筋肉が緊張しているように感じていることが多いです。筋肉の緊張を和らげる方法の一つに、筋肉を緊張させてから脱力するという方法があります。

多くの方が、温かくなったとか、少しひりひりするとか、少し力が抜けたと言います。筋肉を強く緊張させて、緊張を維持して、急に力を抜くと、普通、筋肉は以前よりも力が抜けた状態になります。様々な体の部位でできるので、子どもに合う部位で挑戦してください。

《やり方》＊それぞれ二回する
①手をできるだけ強く握り、そのまま一〇秒ぐらい強く握り続け、ぱっと手を離す。
②肩を耳につくぐらいまで頑張って上げ、そのまま一〇秒がまんして、ぱっと下ろす。
③顔に強くしわを作り、そのまま一〇秒がまんして、ぱっと力を抜く。
④できるだけ強く歯を噛みしめ、そのまま一〇秒がまんして、パッと力を抜く。
⑤お腹にぐっと力を入れ、そのまま一〇秒がまんして、パッと力を抜く。
⑥足に力を入れて、地面を強く踏み、そのまま一〇秒がまんして、パッと力を抜く。

子どもと一緒に練習することをおすすめします。夜など、一番くつろげる時間に、子どもを椅子に楽に座らせます。それから、ゆっくりと色々な筋肉の緊張と脱力をするように教えていきます。練習は、手、肩、顔、あご、胃、足に重点を置き、ゆっくり行う必要があります。

一人で筋弛緩法の練習ができるようになったら、一日少なくとも二回練習させましょう。一番緊張する登校前の朝にも効果的です。筋弛緩法をやっていたら、しっかりとほめることを忘れてはいけません。

●一般的なリラクセーション

三番目の方法は、呼吸法とリラクセーションの音源の活用です。呼吸法やリラクセーションの音源はたくさん売られています。波の音などリラックスできる音が録音されていたり、正しく呼吸してリラックスするようにナレーションが録音されているものもあります。色々と調べてみて、どの方法がよさそうか子どもにたずねてみましょう。

リラクセーションでもう一つ大事なことは、あなたからの声かけです。子どもがとても緊張している時は、リラクセーションをやってみたら？　と優しくすすめてみましょう。ただし、強く言ったり、無理やりさせたりしてはいけません。リラクセーションは、自分で進んでやったり、あなたが手伝ってあげながらするのが一番効果的です。

学校にいる間中つらいと感じているようなら、先生に子どものつらさの程度の点数づけをしてもらって、リラクセーションを試すよう伝えてもらいます。日中に子どもと連絡をとることはおすすめしません。一番よいのは、子どもが自分で体のつらさの「感覚」をコントロールできるようになることです。目標にたどり着くために、たくさんほめてあげましょう。

「つらさ」の「考え」を変える

前にも説明したように、小さな子どもは、つらい時に自分が何を考えているかはっきりと表現することができません。その代わり「学校が嫌い」「学校にいると気持ち悪い」などと言うことが多いでしょう。では、そんなことを言う場合はどう対応したらよいのでしょう？

まず、「心配しないで」「気分転換しなさい」「何も怖いことなんかないよ」「あなたは本当はそんなに心配していないのよ」「嘘をついているんでしょう」などとは言わないでください。

こんなことを言っても登校するようにはならないし、かえって悪くなります。学校が嫌だと

言う時に、親が心配しないでと言ったところで、心配するのは変わらず、もっと気分が悪くなるでしょう。または、親が自分の言うことを信じてくれていないんだと感じるかもしれません。理由は何であれ、子どもが本当に苦しんでいるということは忘れてはなりません。

次に、繰り返し子どもを安心させてはいけません。子どもが泣いていたり、おろおろしていたりする時に、「大丈夫だから」とか「きっと気分はよくなるよ」と何度も繰り返すのはやめましょう。一度であればよいですが、何度も繰り返し言うことで、子どもが学校に行きたくないと言ったらごほうびをあげていることになります。子どもを安心させたい、みんなうまくいくことを知って欲しいというのは自然なことですが、一度だけにしてください。

残りの時間は、学校の準備や呼吸法やリラクセーションをさせ、あと何をしなければいけないか（朝食を食べ終わるなど）思い出させることに力を注ぎましょう。学校に行くことが普通で、親もそうして欲しいと思っていることを、冷静な口調で淡々と伝えます。

もう一つは、登校することの見返りに特別な何かを約束することはやめましょう。親の中には学校に行ったら、おもちゃを買ってあげるとか、夜遅くまで起きていてもいいよと約束する人がいます。この罠にひっかかってはいけません！　そうではなくて、学校へ行って欲しいことや、学校から帰って来た後にどんな気持だったかは聞くし相談に乗るよ、ということを伝えましょう。誰もが仕事に行ったり、学校へ行ったりしなければならないことを伝えるのです。

最後に、自分の行動もよく観察してください。不安を持つ子どもの親自身も多くが不安を感じています。あなたが心配に感じてもよいのですが、それが子どもに伝わったり、よくない対処法を子どもが真似するようではいけません。親の体の症状や、考え、行動をそっくり同じように表現する子どももいます。子どもは親がつらい気分にどう対処しているのか、つらい気分に対する言動、つらさをどう回避しているかをよく見ています。そんな状況になってしまっているなら、ぜひ、子どものよい見本になるように努力してください。

つまり、子どもと一緒にリラクセーションの練習をしたり、つらいとあからさまに言ったりせず、朝に仕事や学校に行く準備を一生懸命することです。勇気をもって一生懸命毎日進んでいるあなたの姿も、子どもの姿も、誰かにほめてもらいましょう。

「つらさ」の「行動」を変える

嫌々ながらも毎日学校に行っているなら、「感覚」「考え」に集中してください。しかし、学校のことがつらくて欠席もしているなら、つらさの「行動」を変えることも頑張りましょう。学校を避けたり、欠席したりする行動もこの中に含まれます。ここから先はつらさの「行動」を変えることを説明します。

ここで紹介する方法は、（1）あなたがかなり頑張らなければならないこと、（2）他の人のサポートも必要なこと、をしっかり覚えておいてください。

例えば、両親ともフルタイムで働いているなら、短時間登校させるためには仕事の調節も必要です。あるいは、日中に見守りをお願いする必要があるかもしれません。欠席が続いているなら、すでにこういったことはされているかもしれません。そうでなければ、すぐに調節しましょう。祖父母や親戚、友達、近所の人、その他手伝ってくれる人も候補に考えてください。

欠席が続いているなら（1）遅刻して行くことも多い、（2）一日休んでしまうことも多い、と思います。遅刻して行くことが多い場合は、家から出るのに問題があるか、校舎に入るのに問題があると考えられます。まずこの問題を取り上げましょう。

(1) 遅刻する

校舎に入る時が一番つらそうだと、多くの親が言います。学校に行くまでは問題なかったのに、校庭まで行くとたんに泣き出して学校に入りません。どうしたらよいでしょうか？

まずは学校職員に状況を伝えます。例えば、スクールカウンセラーに子どもが学校に入れないということを知ってもらいましょう。それから、遅刻はするかもしれないけれど、何とか途中からでも出席させるように頑張ることを伝えます。カウンセラーは時間に合わせて朝に挨拶に来てくれたり、教室まで連れて行ってくれるかもしれません。学校職員が教室まで連れて行ってくれれば大丈夫な時は、そうしてもらって親はすぐに立ち去りましょう。

学校には行けるけれど、校舎に入ることができない。そんな時でも、子どもとすぐに家に戻ってはいけません。すぐに家に帰ってしまうと、泣いて学校を休むという行動を強化してしまうだけです。そうではなくて、校庭や、校門で時間を過ごしたりします。その時に、前に紹介した呼吸法や筋弛緩法を使うのです。

イライラするのはよく分かりますが、怒ったり、ガミガミ言ったりしてはいけません。「心配しないで」「嘘ついているんでしょう」などと言ってもいけません。冷静に淡々とした口調で話しかけ、心配に思っていることは何でも吐き出させましょう。しかし、学校に行って欲しいということは伝えます。何もしゃべれなくて、しーんとその場にいるだけでも、それはそれで結構です。一五分ごとに校舎に入ろうと励ましましょう。校舎に入るまでに二、三時間かかったとしても、全部欠席してしまうよりはましです。

重要なポイントは、後戻りしないことです。つまり、できたことより簡単なことはさせないということです。例えば、

■校舎の入り口やロビーに入ることができたら、そこでできる限り長くとどまって、一五分ごとくらいに教室に入ろうと励ます。最終的に学校職員と一緒なら教室に行くということになれば、任せて親はすぐに立ち去る。

■カウンセラーの部屋や図書室まで行けたら、そこでしばらく過ごさせて、それから教室へ行かせる。できれば、親は校舎から出て、連れて行ってもらう。

■しばらくして教室に行くことができそうなら、遅刻しても教室に行かせる。

ということを実行してください。

(2) ほとんど一日中、学校に行けない

学校が嫌でほとんど一日中、学校に行けない場合は、徐々に学校に戻る計画を立てなければなりません。一日学校で過ごすことに押しつぶされそうになっていることを考えると、これまでに紹介した方法を実践するために、まずは短時間登校を最初の目標にします。もちろん最終

的な目標は、もっと楽に一日学校にいることができるように、気持ちを和らげることです。

短時間登校の計画を実行する前に、関係する学校職員に会って、お互いに無理のない計画を立てましょう。重要な関係者としては、担任の教師やスクールカウンセラー、校長先生などもあげられるかもしれません。短時間登校の計画を実行するために必要な人を捜しましょう。そうして、なぜ短時間登校の計画をしているのか理由を説明します。つまり、つらい体の感覚を和らげながら、徐々に学校に慣れさせるのが目的ということです。

加える事がらは一度に一つにする

ほとんど一日中学校に行けていないのであれば、最初のステップは小さくしましょう。何時が一番学校に行きやすいか子どもに聞いてください。昼に早退できれば嬉しいという子どももいれば、午後だけ出席したいという子どももいます。また、昼休みだけとか、体育と音楽の時間だけ出席したいという子どももいるかもしれません。一番学校に行きやすいのが何時か分かれば、とっかかりができたということです。

短時間登校の最初のステップは次のようなものがあります

■朝は登校して一時間以内に帰ってもよいことにし、学校にいる時間を徐々に伸ばす。

■午後二時に登校して、通常の終業時間に帰ってもよいことにし、登校時間を徐々に早める。
■昼休みだけ登校して帰って来てもよいことにし、昼前後の時間を延ばしていく。
■好きな授業や好きな時間帯だけ行くようにし、徐々に授業や行く時間帯を増やす。
■図書室や保健室など教室以外の場所に登校し、徐々に教室での滞在時間を増やす。

次から、それぞれについて見ていきます。この方法を試す時は、ワークシートを使って出席状況を必ず記録しましょう。記録することで、今行っていることが効果があるのか、他の方法が必要なのかを確認することができます。少なくとも二週間は続け、二、三週間やっても効果がない場合は、他の方法を試してもよいです。この間、教職員と密に相談するようにし、必ず次の日にどういうやり方をするか、前もって子どもに教えておきましょう。

●朝だけ登校する

小さな子どもの場合は、朝の授業をいくつか受けてから家に帰るという方法がうまくいくことが多いです。この方法を行う時には、学校に行くことと、一〇時に迎えに行くことを伝えておきます。迎えに行く時間はしっかり守りましょう。ばたばたせずに学校に行ったら、必ずほめてあげます。帰宅後は学校の宿題をさせます。宿題を全部すませたり宿題がない場合には、本を読んだり、ドリルをさせたりと学校関係の勉強をさせます。

学校が終わる時間までは、楽しいことはさせません。一時間でも、計画通りに学校に行き、日中に勉強をすれば、学校が終わったら楽しいことをしてもよいとします。計画通りに学校に行かなかったり、日中に勉強をしない場合は、外出も楽しいこともさせません。代わりに家の手伝いをさせ、早く寝かせて、翌日はしっかり登校や勉強をするように言います。


毎日、子どものつらさの程度を必ず記録しましょう。一時間学校にいてもつらさが低いままでいられるようになったら、もう一時間長く学校にいる計画をします。つらさが当初の半分以下になったら、次の段階に進むとよいでしょう。一週間以上などある程度時間が経っても、つらさが高いままであれば、学校にいる時間がまだ長過ぎるのかもしれません。その場合は、学校にいる時間を少し短くします。ただし、それでも学校には行かせます。

つらさが急に下がることもあります。この場合も次の段階に進みます。学校にいる時間を一時間延ばすというようにです。例えば、これまで一〇時に迎えに行っていたのを、一一時に迎えに行くようにします。これもできるようになれば、学校にいる時間を増やしていって、最終的には一日学校にいることができるようにします。つらさの点数はその間も必ず記録して、子どもや先生に、実際につらさが下がっているのか確認しましょう。

●午後から登校する

午後からの方が学校へ行きやすいと言う子どももいます。この場合は登校する時間を徐々に早くしていきます。午後二時から登校する時は、終業時間になったら帰ってもよいことにします。この場合でも、前に説明した段々時間を加えていく方法が使えます。二時から終業時間まであまりつらくなく学校に行けるようになったら、一時間加え午後一時から学校にいるようにし、最終的には一日学校にいられるようにします。登校するまでは、宿題や勉強をさせます。

ただし登校時間を早めていく方法は、選択の余地があまりない方法です。朝の場合だと、少しでも出席するように、一日働きかけることができますが、二時に学校に行かないと言えば、登校を働きかける時間がほとんどありません。このため、登校時間を早める方法を行うかどうかは慎重にした方がよいですし、場合によっては最終手段と思ってもよいかもしれません。

●昼休みから登校する

もう一つの方法は、昼休みから登校を始めて段々学校にいる時間を延ばしていくという方法です。同級生と昼ご飯を食べるのは楽しくて、つさらもあまり感じないという子どもが多いです。この方法のよい点は、一部でも出席できるし、同級生とも会えることです。同級生と会えば、教室においでよと誘ってくれるでしょう。この方法では、まず昼ご飯の時だけ出席します。

朝と午後は宿題や勉強をさせます。

昼ご飯の時に楽に学校にいることができるようになったら、昼ご飯前後に教室にいる時間を増やしていきます。

昼ご飯前後三〇分ずつというのがやりやすいでしょう。これで慣れてきたら時間を増やしていき、最終的に一日学校で過ごせるようにしていきます。

●好きな時間だけ登校する

理科の時間だけとか、好きな時間帯だけ学校に行きたいと言う子どもがいます。全く学校に行かないよりも、一つでも授業に参加する方がはるかにましです。好きな時間帯だけ出席する場合には、一番好きな授業に出席させましょう。

column

日曜日の夜の不安

登校できるようになっても、日曜日の夜に不安がる子どもがいます。登校前夜、特に日曜日の夜に不安になっている場合は、不安について必ず声かけをしましょう。翌日登校することははっきりさせ、１日行くことだけに集中するように声をかけます。

学校のことを考えさせないように、日曜日の夜にたくさんの計画をたてる人がいます。しかし、そのようなことをしても、子どもは学校のことを確実に考え続けています。また、学校のことを考え続けることが悪いわけでもないのです。

日曜日の午後に家族で楽しいことをして、夜はゆっくりしましょう。月曜日の夜に小さくても特別なことを計画するのもよい考えです。それを楽しみにしながら月曜日を過ごせます。例えば、学校に時間通り行けた日には20分だけ寝る時間を遅らせたり、好きなデザートを食べることにします。

あまり苦痛なく定期的に出席できるようになったら、二番目に好きな授業を加えます。この二つの授業もつらくなく出席できるようになったら、三つ目、四つ目と加えていきます。いくつかの授業に出席できるようになったら、その後、その授業には必ず出席させましょう。

●学校には行くけれど、教室に入れない場合

校舎に入るのは大丈夫だけれど、教室はダメという子どもがいます。この場合、教室以外の場所に登校できるようにします。例えば、図書室で宿題をしたり、図書室の先生を手伝ってなら一日学校で過ごせるとか、職員室や保健室でなら一日過ごせる子どももいるでしょう。

校舎にいるのに慣れて、緊張もつらさも少なくなってきたら、徐々に教室で過ごす時間を増やします。一度に一時間ずつというように少しずつでもよいですし、午前や午後など半日だけでも、何とかそこにいられるなら、どのような増やし方でもよいでしょう。

教室に頑《かたく》なに入らないようなら、数人の同級生に会いに来てもらって、教室においでよと励ましてもらいましょう。同級生なら、どんな楽しいことをしているか、来てくれなくて寂しいなどと言うこともできるでしょう。こういうことをしてもらうには、先生の協力が必要です。ですから、始める前にまず「関係者みんなが一緒に協力するんだ」、という体制にしておくことが大事です。

第4章

人と関わったり人前で何かする場面を避ける

人と関わったり人前で何かをする場面を避けるために行かない場合

人と話したり（社交場面）、人前で何かをしたり（発表場面）することがつらくて学校を避けるのも、学校へ行きづらくなる理由の一つです。恥ずかしがり屋な子どもは、学校で人と話すことが苦手で、特に、会話を始めたり会話を続けたりすることがつらいようです。また、人から注目されることも嫌で、授業で質問に答えたり、更衣室で服を着替えたり、口頭発表をするというような、人に注目されていると思う時が苦痛です。そのために、人前で何かする必要がある授業を欠席してしまうことがあります。

学校が嫌だという小さい子どもの多くは、何が嫌かをはっきり言えません。しかし、もう少し大きくなると、学校で何がつらいのか言えるようになります。大きくなると、人と交わったり、人前で何かしたりする場面が嫌と答える子どもはよくいます。何が嫌なのか、はっきり分かることはよいことです。人と話すことに焦点を当てればよいのか、人前での発表に焦点を当てればよいのかなど、取り組む目標がはっきりするからです。もしも欠席が続いているなら、こういう場面でのつらさを和らげてあげることで、出席状況もよくなっていきます。

本章の目標は、人との交流や人前で何かする時に感じているつらさを和らげて、出席状況を改善することです。このために、次のようなことに取り組んでいきます。

■「つらい」ということが、「感覚」「考え」「行動」でどう表現されるかを理解する。
■つらい体の「感覚」を和らげる。
■つらい「考え」に取り組み、人との交流や人前で何かする時に、もっと冷静に考えられるように手伝う。
■出席状況を観察し教室にいる時間を増やすことで、つらさの結果起こる「行動」をコントロールする。

大きな子どもの場合は、つらさの背景にある「考え」がよりはっきりしていることがほとんどです。本章ではこの「考え」に重点を置いています。

前述したことが思い当たるなら、あなたの子どもは恐らく色々な人との関わりや人前で何かすることをとてもつらいと感じています。登校前の朝や、学校に行っている間、登校前夜などに嫌な場面のことを思い浮かべてつらくなっているかもしれません。あなたの前で何がつらいか色々話しているかもしれないし、黙っているかもしれません。いずれにしても大丈夫です。

つらさをどうにかするためには、つらいということが実際どういうことか親子のどちらも理解していなければなりません。つら過ぎて圧倒されたり、コントロールできないと感じたりすることもあると思います。しかし、そんなつらさも小さく分けると、もっと扱いやすく、コントロールしやすくなります。これが最初のステップです。

つらいと感じている子どもの多くが、ふらつき、震え、ドキドキ、息苦しさ、過呼吸のような嫌な体の感覚を感じています。このような感覚を和らげるために、呼吸法やリラクセーション法を使います。つらい体の感覚をコントロールする方法を身につけた子どもの多くが、気持ちが楽になったと言います。

ただし、この章のメインは、人と関わったり人前で何かしたりする場面での「考え方」を変えることです。色々な人と関わったり人前で何かする場面でつらさを感じる子どもは、そういう場面で「何かとてつもなく恐ろしくて悲惨なことが起こる」というような極端な考えをしています。そのため、人と関わったり、人前で何かする場面を避けたり欠席してしまったりする

のです。この章の目標はそういう場面で、もっと冷静に考えられるようになることです。
この章でもう一つ力を入れることは、人と関わったり人前で何かしたりする時間を少しずつ増やすことです。こういう場面でもっと楽にいられて自信を持てるようになれば、出席状況もよくなっていきます。一番の目標は学校に行くことがもっと楽になって、一日学校にいることができるようになることです。

「つらさ」や不安は三つの表現に分けて考えられる

「つらさ」というのは、不安、心配、落ち着かなさ、不快感、神経質さ、怖さ、恐怖という意味も含んでいます。「つらさ」を表現する方法は様々ですが、大きな子どもの場合は、物事を避けたり、引きこもったり、悲しんだり、指示に従わなかったり、イライラしたり、落ち着かなかったり、家にいさせて欲しいと頼むことが多いです。三つの表現に分けて考えられます。

感覚↓痛み、ふらつき、震え、ドキドキ、息苦しさ、過呼吸などの不快な身体症状。
考え↓更衣室で服を着替える時にみんなが笑うんじゃないかとか、口頭発表の時にどもるんじゃないかというように、何か悪いことが起こるんじゃないかという嫌な考えや心配。
行動↓学校を避けるとか、人が集まるところで人に会わないようにするなどつらさの原因となる場所や物事を避ける行動。

いかがでしょうか？　当てはまることはありますか？　それぞれをもう少し詳しく見ていきましょう。

「感覚」での表現

人と話したり、人前で何かをしたりする時、多くの子どもがふらつきや震え、筋肉の緊張、呼吸が苦しくなるなどの不快な体の感覚を感じています。ある場面で嫌な気分になることは普通のことで、誰にでも起こることです。親子で覚えておいて欲しいのは、誰でもみんなつらくなることがあるということ、それは人間である限り当然！　ということです。どんな人がどんな場面で不安になったりつらくなったりするのか、ぜひ話し合ってみましょう。

例えば、お母さんが車の修理屋さんと話すのがどれだけ嫌か、お父さんが道を聞くのがどれだけ嫌か、おじさんがパーティーとか結婚式に行くのが嫌いなど、そんなことを話してみてもよいでしょう。要は、誰でも時々、色々な場面で嫌な気分になるということで、あなただけが特別じゃない、ということを知ってもらうということです。

ただ、ある場面が嫌でつらく感じる人も、ほとんどはどうにか対処して、やるべきことをやっていきます。おじさんは結婚式は嫌いですが、おばさんがおじさんに結婚式に行って欲しいと思っているので、つらい気持ちはあるけれど結婚式に出席します。しかし、こういった嫌な場面での苦痛をコントロールできない人もいます。そこで、学校にしっかり出席するために、不快な感覚をコントロールする方法を教える必要があるのです。

「考え」での表現

つらさのもう一つの表現は「考え」です。不安になると、私たちは最悪の事態を考えたり、起こり得るありとあらゆる悪いことを考えたりすることがあります。例えば、乾杯の挨拶をしたり、人前で話したりする時に間違ったらどうしようとか、セリフを飛ばしたらどうしよう、笑われたらどうしようなどと心配になるかもしれません。ひどい時には、その場面を避けようとまで思うかもしれません。

何かを心配に思うことは、人間として自然なことです。誰もが何かを心配しています。ただ、それが問題になることはあまりありません。恐ろしいことはそんなにしょっちゅう起こることではないと分かっているからです。だから、乾杯の挨拶をするのが心配でも、何とかやりきることができます。家族や友達の前ですし、バカにされることもまずないと思えるからです。

不安を感じている人は、最悪の事態ばかりを考えて、他の可能性を考えることができません。子どもの場合も同じです。

例えば、一〇代の女の子が更衣室で着替えている時に、他の人は全然違う話題で笑っているのに、自分の体を見てバカにしていると思ってしまうようなことがあります。こういうことはよくあることですが、他の可能性を考えることができないなら問題です。冗談を言って笑い合っているだけとか、もっとありそうなことを思いつかないようなら、とてもつらくなるのも当然でしょうし、体育の授業を欠席してしまうかもしれません。

自分に置き換えて考えてみましょう。同僚が一日中話しかけてこなかったら、どう思いますか？　怒っているんじゃないかと考えるかもしれませんね。ありそうなことです。しかし、今日はよいことがなかったのかなとか、仕事が大変なのかなとか、しゃべる時間もないくらい忙しいのかもなど、他の可能性も考えるのが普通なのです。このような他の可能性も考えることで、少し気分が楽になります。

人と関わることや人前で何かすることにつらさを感じている子どもは、最悪の事態ばかり考えたり、何かひどいことや悪いことが起こるんじゃないかと心配ばかりしています。うまくいかない場面を色々と想像して、「そうなったら嫌だな」とばかり考えます。例えば、次のようなことです。

■人前で恥をかくのではないか。

■笑われたり、バカにされたりするのではないか。

■人前で真っ赤になったり、緊張しているように見えるのではないか。

■グループから仲間はずれにされるのではないか。

■話しかけたり質問したりしても無視されるのではないか。

このように考えて学校を避けたり、欠席したりするようになることはよくあります。これは、「つらさ」が「行動」で現れた表現です。

column

からかわれること

からかわれて学校に行きづらくなる子どもをよく見受けます。特に、体重や見た目などをからかわれると、傷つきます。

軽くからかい合うことはよくあることですが、傷つきやすい子どもは、学校に行きづらくなります。からかう子どもの多くは、何かの反応を期待しています。

反応がないと、たいていはどこかに行ってしまいます。ですから、挑発に反応させないようにし、からかわれても単純に無視するようにすすめています。からかわれたら、呼吸法をさせて、その時やっていることを続けさせましょう。からかいがどんどんひどくなるなら、どこか違う所に行ったり、友達になぐさめてもらったりするようにアドバイスします。毎晩、必ずどんな状況か子どもと話してください。

いじめや脅しやもっと深刻な場合は、教職員に相談して解決方法を探しましょう。

「行動」での表現

最後に、つらさが「行動」でどう表現されるかについて考えます。悪いことが起こるんじゃないかと不安になった時に、実際にどういうことをするかです。多くの場合、親は子どもが不安になり過ぎていることや、そのことで学校に行けないことで悩んでいます。

人前で何かをすることが嫌な子どもは、人前で何かしないといけない授業がある時には特に学校を避けます。友達との関わりが不安な子どもは、欠席してしまうこともあります。

あなたのお子さんはどうですか？　左の空欄に書いてみてください。

つらい時の「感覚」

↓

つらい時の「考え」

↓

つらい時の「行動」

それぞれの「つらさ」の表現の関係

つらい時には、不快感を持ったり、嫌なことを考えたりします。こういう感覚や考えは、問題行動につながります。よく知らない人とパーティーで話すのが苦手な人は、パーティーの一時間前になると気分が悪くなったり震えたりします。

ひどくなると、ぽつんと一人になるんじゃないか、「どうして人と話さないんだろう?」と言われたり、服をけなされるんじゃないかと悪いことを考えます。体の不快感や悪い考えがひどくなると、パーティーに行くのをやめようと思い、つらさが「行動」で表現されます。

「つらさ」の図

パーティーの例

「感覚」での表現

もうすぐパーティーに
行かなきゃならないと
思うと気分が悪くなって、
震えがくる。

↓

「考え」での表現

自分と話したいと思う人は
いないに違いない。
みんな私を避けるだろう。

↓

「行動」での表現

パーティーに行かず、
家にいよう。

パーティーに行くのをやめて、ソファーに座ってテレビを見ることにしたら、どんな気分になるでしょうか？　気分はよくなりますよね。

短期的には何かを避ければ、嫌なことはなくなるし、気分はよくなるので、よいように見えるかもしれません。しかし長期的にはどうでしょう？　いつかは人と交流しなければならないので、先延ばしにすると事態は悪くなるだけです。子どもが学校について不安になっているのも同じことです。学校を避ければつらさも和らぐので、短期的にはよいかもしれませんが、いずれは学校に行かなければならないのです。

まず、どんなふうにつらさが大きくなるのか振り返ってみます。最初に「つらさ」が表現されるのは、体の「感覚」でしょうか？　それとも「考え」でしょうか？　「行動」に現れるでしょうか？

体の「感覚」が最初の子どももいます。例えば、大きなテストがあるので、朝起きると吐き気がします。吐き気がひどくなると、悪い事態を考え始めます。「教室で吐いたらどうしよう」「気持ち悪くなってテストも失敗したらどうしよう」などです。

吐き気がひどくなって、どんどん悪いことを考えるようになると、学校を欠席したり授業を欠席してしまうという「行動」での表現が現れるかもしれません。

別のパターンもあります。

例えば、朝起きるや否やすぐに、悪いことを考える場合です。「学校の日だ。絶対悪いことが起こる」と、つらさが「考え」として表現されます。そうすると、体の調子が悪くなって、びくびくしたり、体が痛くなったりする、体の「感覚」で表現されます。そこで、親に家で休ませて欲しいと言ったり、昼ご飯の時やある授業だけ休ませて欲しいと言ったり、風呂場に隠れてしまったりする、「行動」での表現になります。

行動が最初に来る場合もあります。

「つらさ」の図

吐き気の例

「感覚」での表現

吐き気がする。
気分が悪いし、
怖い感じもする。

↓

「考え」での表現

吐いてしまったら
どうしよう。
気持ちが悪くなって、
テストを失敗したら
どうしよう!

↓

「行動」での表現

学校や授業を欠席する。

例えば、ベッドから出たくないと言う子どももいます。ベッドから出させようとすると、学校でからかわれるとか、体育の授業があるなどと言うかもしれません。校舎に近づくと、吐き気がしたり、くらくらしたりするかもしれません。この例では、まず「行動」（ベッドから出ようとしない）があり、次に「考え」（からかわれることや体育が嫌）があり、最後に体の「感覚」（吐き気、くらくら）があります。

「つらさ」の図

起床の例

「行動」での表現

ベッドから出ない。
寝坊する。ぐずぐずする。

↓

「考え」での表現

学校でからかわれる！
体育の授業で
ひどいことが起こるに
違いない。

↓

「感覚」での表現

通学途中で吐き気がする。
くらくらする。

あなたの子どもの場合はどうですか？　子どもがよく見せるパターンを、例を見ながら、書いてみましょう。それぞれの日で違う場合は、全てのパターンを書きます。

郵便はがき

料金受取人払郵便

河内郵便局
承　認

302

差出有効期間
平成31年11月
30日まで

(期間後は切手をお貼り下さい)

5 7 8 - 8 7 9 0

東大阪市川田3丁目1番27号

株式会社 創元社 通信販売 係

創元社愛読者アンケート

今回お買いあげいただいた本

[ご感想]

本書を何でお知りになりましたか(新聞・雑誌名もお書きください)

1. 書店　2. 広告(　　　　　　)　3. 書評(　　　　　　)　4. Web

5. その他(　　　　　　)

◉この注文書にて最寄の書店へお申し込み下さい。

書籍注文書

書名	冊数

◉書店ご不便の場合は直接御送本も致します。

代金は書籍到着後、郵便局もしくはコンビニエンスストアにてお支払い下さい。(振込用紙同封) 購入金額が3,000円未満の場合は、送料一律360円をご負担下さい。3,000円以上の場合は送料は無料です。

※購入金額が1万円以上になりますと代金引換宅急便となります。ご了承下さい。(下記に記入)
希望配達日時
【　　月　　日 午前・午後　14-16 ・ 16-18 ・ 18-20 ・ 19-21】
(投函からお手元に届くまで7日程かかります)

※購入金額が1万円未満の方で代金引換もしくは宅急便を希望される方はご連絡下さい。

通信販売係　Tel 050-3539-2345　Fax 072-960-2392
Eメール tsuhan@sogensha.com

※ホームページでのご注文も承ります。

〈太枠内は必ずご記入下さい。(電話番号も必ずご記入下さい。)〉

お名前	フリガナ	歳
		男・女
ご住所	フリガナ □□□-□□□□ E-mail: TEL　　－　　－	

※ご記入いただいた個人情報につきましては、弊社からお客様へのご案内以外の用途には使用致しません。

つらい「感覚」を変える

つらさの表現パターンを描くことができたら、つらさが表現される体の「感覚」があるかどうか見てください。体の感覚が、本当の病気によるものではないことを確認します。

体の不快な「感覚」を和らげる方法は、いくつかあります。緊張しながらリラックスすることはできないので、緊張していない状態で練習してください。リラクセーションの方法は、第3章を読んで正しい呼吸法、筋弛緩法、一般的なリラクセーション法を練習しましょう。

リラクセーション方法を身につけるのも大事ですが、この章では「考え」に焦点を当てていきます。人との関わりや人前で何かすることにつらさを感じている子どもは、むしろそういう場面で悪いことが起こるんじゃないかと考えて悩んでいるからです。

つらい「考え」を変える

人との関わりや人前で何かすることにつらさを感じている子どもは、悪いことが起こるんじゃないかとばかり心配しています。初対面の人に会ったり、人前で話したり、発表会で歌ったり楽器を演奏したりすることは誰でも緊張するので、不安に感じるのは普通です。私も人前でピアノを演奏する時は、大きな失敗をするんじゃないか、最後まで弾けないんじゃないかと不安になります。でもこれは誰でも同じです。

大部分の人は、このように心配になっても、やるべきことをします。就職の面接で評価されるのは嫌ですが、それでも仕事に就くために面接に行きます。一方、悪いことが起こるのではと心配し過ぎ、その場面を避ける人もいます。あなたの子どもも、人と関わることや人前で何かすることを心配し過ぎて、学校を休んでしまうのかもしれません。

ではどうすればよいのでしょうか？　人と関わる場面や人前で何かする場面でもっと現実的に考えることができるように助けてあげることです。
「ポジティブに考える」とは言っていないことに注意してください。「よいことを考えよう」「心配しないで」「考えないようにしなさい」と言うことは、効果がありません！　学校で悪いことが起こるんじゃないかと心配していても、それはそれでよいのです。ただし、実際にどういうことが起こるのか、もっと現実的に考えられるようにならなければなりません。
「口頭発表の時にみんなに笑われるに違いない」と心配しているとします。それはそれで構わないのですが、その場面を客観的に見て、自分の考えを見つめ直すことが必要です。例えば「笑う人もいるかもしれないけれど、そういう人はよくない人で、他のほとんどの人は聞いてくれる」というようにもっと現実的に考えるのです。このような場合に、悪いことは考えないようにとか、「大丈夫」だと楽観的に考えなさいと言う必要はありません。もっと可能性がありそうなことは何だろう、もっと現実的に考えてみようと伝えます。現実的に考えれば、悪いことが起こる可能性は少ないと分かるので、つらい気持ちが和らぐことが多いのです。

つらい「考え」を変えるには、あなたと子どもが一緒に取り組まなければなりません。この方法は次のような場合に効果的です。

■子どもとの関係が良好で、話もよくする。
■ある程度言葉を使えて、知的な問題がなく、心配に思っていることを話し合える。
■一般的には一一歳以上。
■学校では他のことはまずまずうまくやっていて、今後もうまくやっていけそう。
■つらさの程度が中等度か軽度で、重度ではない。パニック発作はない。
■話している時に人の目を見ることができ、きちんと聞こえるくらい大きな声でしゃべれて、会話を始めたり続けたりすることができるなど、人と関わる能力はしっかりある。
■考え方を変えたり、色々な人との関わりや人前で物事を行うことを練習したりできる。

最終的には学校にしっかり行きたいと思っている。

■いじめや脅し、差別、学習の問題など解決しなければならない現実的な問題がない。

この章は、しっかりと人と関わる能力があり解決すべき現実的な問題がないのに、学校で人に話しかけたり人前で何かする時に悪く「考え」てしまって行動できない場合に役立ちます。

ネガティブな考え

人と関わる場面や人前で何かする場面で、子どもはどんなネガティブな考え方をするのでしょうか？　私の経験では、次のような場合がよくあります。

■実際には起こらないのに、悪いことが起こると考えている。例↓実際には友達同士が冗談の言い合いで笑っているのに、自分が教室に入ると人が自分のことを笑うと考える。

■恐ろしいことはまず起こらない場面で、恐ろしいことが起こると考えている。例↓まず起こる可能性はないのに、昼ご飯の時に誰かが自分に食事を投げつけるなどと考える。

■分かるわけがないのに、人が自分について思っていることを想像する（「読心術」と呼ぶ）。例↓そう思っているのか分からないのに、人が自分のことを醜いと思っていると考える。

■**自分がしたことが悪い結果に終わると大げさに考えたり、一つの出来事だけで結果を決めつける。** 例↓一、二個のテストの成績が悪かっただけで、落第してしまうと考える。

■**自分が恥をかいて、取り返しのつかないことになってしまうと考える。** 例↓合唱で音をはずして恥をかいて、二度と学校に来れないほど立ち直れなくなると考える。

■**物事を完全にできなければ失敗ととらえて、中間を考えない。** 例↓よいこともあるのに、全部がよいわけではないから学校生活が腐っていると考える。

■**物事のよい面よりも悪い面ばかり注目する。** 例↓全体としては素晴らしかったのに、発表会で小さな間違いばかりに注目してしまう。

■**コントロールできないことが起こると、自分のせいだと責めてしまう。** 例↓友達同士がけんかをしている場面でおろおろしてしまい、何もできなかった自分が悪いんだと責める。

読んでいて思い当たるところがあるでしょうか？　他に子どもが心配している考えはありますか？　次のワークシートに記入してみてください。最初の列に、人との関わりや人前でする物事の中で、つらいと感じていることを書かせてください。次の列に、そういう場面でどんな悪いことを考えるのかを書かせてください。一週間に一度、リストを一緒に見直して、必要があれば加えましょう。

ワークシート❼ 〜つらくなる場面〜

WORK SHEET

つらくなる場面 （人と関わったり、人前で何かする時）	どういうことを考えますか？ どんなことが頭に浮かびますか？

ネガティブな考えを変える

登校できている場合は、その日に人と関わったり、人前で何かをした時のことを振り返って、その時に浮かんだ悪い考えを毎晩話し合いましょう。あまり登校できていない時は、短時間登校を目指しましょう。登校できていない場合は、過去の場面で、学校で人と関わる時や、人前で何かする時に思い浮かんだ悪い考えを言ってもらいます。

学校でどんなことを考えたり心配に思ったりしているかが分かったら、この悪い考えを変える手助けをしていきます。まず初めに、「シンカアリ、エライ！（進化あり、えらい！）」というフレーズを覚えてもらいましょう。

シン（心配ですか？）↓どんな場面が心配ですか？

カ（考え）↓その場面でどんなことを考えていますか？　どんなことが頭に思い浮かびますか？

アリ（ありそう？）↓本当にそんなことがありそう？　もっとありそうなことは？現実的にどんなふうに考えた方がよいでしょうか？

エライ！（えらい！）↓ここまでできたら立派です。自分をほめてあげましょう。

人と関わったり、人前で何かしたりする時につらくなったら、いつでも「シンカアリ、エライ！」法を試しましょう。まず、どんな人との関わりや人前での行動がつらいのかを認識することが大事です。これがシン（心配）の部分です。人と関わったり人前で何かする時に、「私は心配になっているかな？ 不安になっているかな？」と自分に聞いてみます。心配、不安になっているなら、どんな悪いことを考えているか考えてみます。これがカ（考え）の部分です。この悪い考えは記録しておくように伝えてください。そうすれば後で一緒に話し合えます。もし悪いことを考えているなら、もっとありそうなこと、現実的なことを考えていきます。これがアリ（ありそう？）の部分です。最後に、もっと現実的な考えを思いつくことができたら、静かに自分のことをほめてあげましょう。これがエライの部分です。「よくできたね！」「よい考えだね！」「自分ってえらいね」などと言うとよいでしょう。

人と関わったり人前で何かした時につらくなったら、何回もこの「シンカアリ、エライ！」法を練習するように伝えましょう。この方法が自動的にできるように、「第二の本能」のようになるくらいまで練習しなければなりません。そうすれば、もっと現実的に考えて、悪いことが起こる可能性は低いこと、最終的にそんなに悪い結果にならないことを分かる力が育っていくのです。

もっと現実的な考え方をする

ここでは、「シンカアリ、エライ！」法のアリ（ありそう？）の部分を説明していきます。

人と関わったり人前で何かする時に、悪いことばかり考えている場合は、どんなことを考えているかリストにします。そのリストを使いながら、悪い考えに取り組んでいきます。話し合っていく時に、一方的に自分の判断を押しつけたり、批判したりしてはいけません。悪いことを考えるのは、人として普通のことです。ただ、もっと現実的にありそうなことも検討して、バランスよく考える必要があるというだけです。

ではどうしたらそんなことができるのでしょうか？　悪い考えを話し合う時には、うまく別の考え方を思いつくように、次のような質問をしていきます。

- それが起こると言う自信が100％ありますか？
- 人があなたのことをどう考えているか本当に知っていますか？
- 実際に起きるとしても、最悪でもどのくらいのことでしょうか？
- 以前も同じような場面がありましたか？　実際にそんなに悪いことが起きましたか？
- 実際に何回そんな悪いことが起きましたか？

- 完璧にできなかったとして、どうなりますか？
- 本当にあなたが悪いのですか？

（Kearney＆Albano2007より引用）

悪い考えのパターンの一つは、実際には悪いことが起きていない時に、悪いことが起きていると考えてしまうことです。例えば、実際には冗談を言い合って笑っているのに、自分が教室に入ると人が自分のことを笑うと考えてしまうような場合です。こういう時には、もっとありそうな可能性を考えて、現実的な考え方をするようにしようと伝えましょう。「シンカアリ、エライ！」法を使いながら、紹介した質問をしてみてください。

あなた……なるほどね。今日は、教室に入る時に「シン」（心配）があったんだね。その時に、考えたこと「カ」は、教室に入るとみんなが自分のことを笑うということだったんだね？合っているかな？

子ども……うん。みんなが私のことをからかって、ものすごく気分が悪くなった。

あなた……じゃあ、「アリ」（ありそうなこと）を考えようか。実際にもっとありそうな可能性も考えてみよう。みんながあなたのことを笑っているというのは100％、絶対確実かな？心の底からそう思っている？

子ども……100％ではないと思うけど。よく分かんない。
あなた……いいね。そうじゃないとしたら、どんな可能性がありそうかな？
子ども……分かんない。
あなた……じゃあ、考えてみよう。みんながあなたのことを笑っているんじゃないとしたら、他に何をしている可能性があるかな？
子ども……みんないつもくだらない冗談ばっかり言ってる。私が教室に入った時も、ただ同じことをしていただけかも。
あなた……よく思いついたね！　そうだね。みんな冗談を言い合っていて、あなたのことを笑っていたわけではないのかもね。
子ども……うん。そうかも（このように新しい考えを思い浮かべることができたら、すごい！　とほめましょう）。「エライ」。

もう一つの悪い考え方は、悪いことが起きると考えてしまうことです。例えば、他人と話す時に、誰も話してくれないのではないかと考えるような場合です。このような時には、実際に最悪でもどのくらいのことしか起きないのか、今までそういうひどいことが何回ぐらいあったのかなどを考えさせて、現実的な考えができるように導きます。

あなた……なるほどね。今日は、宿題のことを聞こうと思った時に「シン」（心配）があったんだね。その時に考えたこと「カ」（考え）は、無視されるんじゃないかということね？　合っている？

子ども……うん。無視されるんじゃないかと思った。

あなた……じゃあ、「アリ」（ありそうなこと）を考えよう。もしも無視されたとして、最悪どんなことが起こるかな？　どうなると思う？　正直に言ってみて。

子ども……うーん。なんか自分がバカみたいに見えるんじゃないかな。

あなた……いいね。最悪の場合は、自分がバカみたいに感じるのね。その時はどうしたらいい？

子ども……他の人に聞くと思う。

あなた……すごいね！　ということは、最悪のことが起こっても、何とかできるということね？

子ども……うん。そうだね。

あなた……それから、今まで何回ぐらい同じ場面で完全に無視されたことがあるかな？

子ども……うーん。一回はあった。でも普通は答えてくれる。

あなた……ということは？

子ども……たぶん、無視はされないと思うけれど、無視されたら、他の人に聞けばいいと思う。

あなた……そうそう！　よく思いついたね！（「エライ」）。

もう一つの悪い考え方は、他の人が考えていることを自分勝手に想像してしまう「読心術」です。他の人の考えていることが分かるとか、きっと悪く考えているに違いないと思っていることがよくあります。例えば、楽器を演奏している時に、皆が自分の演奏がひどいと思っているに違いないと考えて、つらくなってしまうような場合です。

このような時には、他にもっとありそうな可能性がないか考えたり、他の人が考えていることが本当に分かるのか考えてもらったりすることで、現実的に考えるように導きます。

もう一つの悪い考え方は、一つの出来事や小さな出来事だけで結果を決めつけることです。自分がしたことがひどい結果に終わると大げさに考えてしまうのです。

例えば、一つのテストの点数が悪いというだけで、落第してしまうと考えるような場合です。このような時には、他のもっとありそうな可能性がないか考えてもらったり、失敗するという結果が実際に起きるのか考えさせることで、もっと現実的な考えができるように導きます。

もう一つの悪い考え方は、自分が恥をかいて、取り返しのつかないことになってしまうと考えることです。大きな子どもは自分が恥をかくことをとても心配します。

例えば、口頭発表で、間違った時に嫌な気分になるような時です。恥をかくのは一時的で、何とかなると記憶しておく必要があります。自分の体験を紹介しながら、誰でも恥をかくこと、恥をかいても長く続かないし何とかなることを充分に伝えましょう。

あなた……今日は口頭発表の時に、心配（「シン」）になったんだね。その時に、こんなに恥をかくと思わなかったと考えたんだね（「カ」）。

子ども……うん。発表で間違って、自分は本当にバカだと思った。めちゃくちゃ恥をかいた！

あなた……なるほどね。よく分かるわ。でも、もっとありそうなこと（「アリ」）も考えてみよう。誰でも恥をかくことがあるのは分かるよね。覚えてる？　親戚が集まった時に、私が服を着たままボートから湖に落ちたこと。

子ども……（笑って）そうそう、忘れるわけないよ！

あなた……私もめちゃくちゃ恥ずかしかったよ。でも、みんなそんなもので、誰でも恥をかくことはあるんだよね。今まで恥をかいたことはない？

子ども……うーん。教会で劇をした時に、ステージから落ちたことがある。

あなた……その時はどうしたの？

子ども……ステージにもう一回登って、劇を続けたけど、最悪だった。

あなた……最悪な感じはどのくらい続いた？

子ども……二、三時間かな。
あなた……そうだよね。恥をかいたけど、二、三時間でおさまって、何とかできたんだよね。
子ども……うん。そう思う。
あなた……じゃあ、どうかな?
子ども……うん、そう考えると、今日恥ずかしくなったのも、いずれは消えるかな。学校にいた時よりも今は気分はいいし。発表も何とか終えたし。
あなた……そうそう。よくそう考えられたね（「エライ」）。

もう一つの悪い考え方は、物事を完全にできなければ失敗とし、中間を考えないものです。例えば、友達と言い合いをしたから今日は最悪だったと機嫌を悪くするというような場合です。友達と言い合いをした以外は、特に問題がなかったことが考えに浮かんでいないのです。他にも、100点を取れなかったと言って、ひどく動揺するという例もあります。こういう場合は一日全体のことを思い出させて、もっと現実的な考え方ができるように導きます。

あなた……今日は友達とけんかをして、心配（「シン」）で、嫌な気分になって、今日は最悪と考えたんだね（「カ」）。

子ども……うん。最悪だよ。明日、学校に行きたくない。

あなた……そういう気分になるのも仕方ないけれど、ありそうなこと（「アリ」）、別の考え方のことも考えてみよう。一日ずっと、全部が悪いことばかりだったのかな？

子ども……いや、算数のテストの点数はよかったし、友達と昼ご飯を食べた時は楽しかった。

あなた……いいね！　じゃあ、一日のうちでもよいことはあったんだね。

子ども……うん。そうだね。だいたいはよかったかも。

あなた……じゃあ、一日完璧じゃなくても問題なかったということかな？　悪いことが全然ないような、完璧な日なんてあるのかな？

子ども……いや、ないかな。少なくとも高校入ってからはないかな。

あなた……みんな毎日、いいことも悪いこともあるよ。完璧じゃない一日が普通の一日だよ！

子ども……そうだね。そうだと思うわ（「エライ」）。

もう一つの悪い考え方は、物事のよい面よりも悪い面ばかりに注目する考え方です。例えば、何日か欠席して登校する時に、どうして休んでいたのか、何か言われるんじゃないかと心配するというようなことです。よいことも起きるかもしれないのに、そんなことは思い浮かばないのです。このような場合には、悪いことと同じように、よいことも考えて、もっと現実的な考え方ができるように導きます。

あなた……明日学校に登校することが心配（「シン」）になったのね。みんなが質問してくるのが嫌だと考えたのね（「カ」）。

子ども……うん。きっと、どこにいたのとか、色々聞かれるんだよ。ほっといて欲しんだ！　もう一日休んじゃだめ？

あなた……明日は学校に行くのよ。もう少し他の考え方がないか考えてみよう（「アリ」）。他に何を言われそう？

子ども……戻ってきて嬉しいと言う人もいるかも。カイトはさっき電話をくれて、「明日会おう！」と言ってくれた。

あなた……いいね！　ということは、誰かにはじろじろ見られたり、どこに行ってたのと聞かれたりするかもしれないけど、誰かは喜んでくれるのね？　合っているかな？

子ども……うん。そう思う。先生は何も言わないと思うし。

あなた……一日中質問されて、それで一日中つらい感じと思う？

子ども……いや、たぶん朝だけ。それに何て答えたらいいかも分かるし。

あなた……いいね（「エライ」）！

もう一つの悪い考え方は自分がコントロールできないことが起こると、自分のせいだと自分を責めてしまうことです。

例えば、友達同士がケンカしていたら、自分が悪いんだと考えてしまうような場合です。このような時には、もっと可能性が高そうな説明はないか、起きた出来事が実際にコントロールできることなのか考えさせて、もっと現実的な考え方ができるように導きます。

つらい結果起こる「行動」に対処する

本章のもう一つの目標は、つらい結果起こる「行動」に対処することです。あなたの子どもは、(1) ほぼ一日欠席しているか、(2) 人と関わったり、人前で何かするような授業を避けていたり、そういう時にとてもつらさを感じているかもしれません。(1) ほぼ一日中欠席している場合は、短時間登校を目標にするのが有効です。第3章を読んでください。ここでは、(2) 人と関わったり、人前で何かするような授業を避けたりする場合について説明します。

●人と関わったり、人前で何かをしたりする場面の問題

学校へはほとんど行けているけれど、授業を一、二時間出席できていないとか、人と関わったり、人前で何かしたりする場面がとてもつらい場合は、この章が役に立ちます。

授業を一、二時間出席できていない時でも、必ず他の授業は出席させます。授業に出られない時に、他の場所で隠れなくてもよいように、居場所の確保を先生にお願いしましょう。

例えば、体育の授業を欠席している間は、図書室で過ごせるように調整してもらいましょう。こうすることで、学校では誰かが子どもを見ていることになるし、授業に出席しているのかも把握できます。だんだんと体育の授業も出席できるように計画します。

試験の時に授業に行きたくなくなる子どももよくいます。この場合は、先生から模擬試験をもらって、学校や家で勉強できるようにしましょう。模擬試験をする時は、実際の試験時間通りにします。また、その時にリラクセーションの方法や、悪い考えを変える方法も使います。

column

完璧主義な子どもの対策

失敗が怖くて学校に行けない子どもがいます。全て完璧じゃないと気がすまず、間違った時のことを心配し過ぎます。

完璧主義の子どもの場合には、「考え」に注意を払います。少々間違っても、落第したり叱られない、ということを分かっているか確認します。あなたが子どもの完璧主義をさらに悪くしないことも、しっかり意識しましょう。完璧主義の子どもの親の多くが完璧主義で、子どもは間違うことを恐れたりします。

「行動」面でもよい対策があります。わざといくつか間違った宿題を提出するようにすすめ、結果が思ったほど悲惨ではないことを実際にやってみて確かめるようにと伝えます。

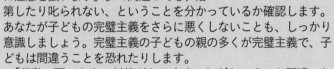

模擬試験を始めて、最初の五分ぐらいでどんなことを考えているか聞いてみましょう。失敗したり、「頭が真っ白に」なるんじゃないかと心配する子どももいます。こういう時には、リラクセーションの方法を使うように手助けしてみたり、「100％完全に失敗したり、頭が真っ白になると思う？」「もし失敗したり、頭が真っ白になったとしたら、最悪どんなことが起きる？」「試験を受けるのが心配なのは、あなただけかな？」というような質問をして、もっと現実的に考えられるようにサポートします。

模擬試験を家で練習してうまくできるようになってきたら、教室で受ける練習ができるように先生に調整してもらいましょう。放課後や、教室に他の生徒がいない時間帯に試験を受ける方法があります。受けた試験が成績として認められる場合も、そうでない場合もありますが、試験を受ける練習ができていること、以前よりも苦痛が少なく試験を受けられることが重要です。この方法で試験に慣れてきたら、通常の授業で試験を受けてみましょう。

他の場面でも同じ方法が使えます。例えば、

- 本番前に、口頭発表や板書を家で練習したり、空になった教室で練習する。
- 多人数の前で楽器演奏をする前に、親戚、友達、家族の中など少人数の前で練習する。
- 授業中ではなく誰もいない時に先生に質問したり、先生の質問に答えたりする練習をする。

■ 食堂で食事をする、近くに人がいる時に服を脱いだりシャワーを浴びる、校舎や教室に入るなど、苦手な場面の行動を練習する。

こういった練習をする時は、必ず、リラクセーションの方法や、悪い考え方を現実的な考え方に変える方法を実践してください。つらさの程度も記録し続けましょう。自信がつくまでにはたくさん練習が必要です。忍耐強く、根気強く頑張り、しっかり練習した時にはほめたりごほうびをあげたりしましょう。

では、人との関わりについてはどうしたらよいでしょうか？　恥ずかしがりで、同級生と話すのがとても苦手な子どもは多くいます。

この場合は、次のような色々な対人場面の練習をするとよいでしょう。

column

課外活動に積極的に参加させる

習い事やキャンプなどの課外活動は、学校の出席に強く影響します。普通の授業では孤立していたり、恥ずかしがり屋で教室に行きたくない子どももいます。

この状況を変えるには、課外活動に積極的に参加させるのも1つの方法です。参加することで、同じクラスの友達ができるかもしれません。

まず、課外活動の情報を入手します。そして、どの課外活動が面白そうか子どもと話してみましょう。「どれも興味ない」と、どこかへ行ってしまわせないようにしましょう。興味を持てそうな活動があるはずですから、それをまず試しましょう。

それから、課外活動の集団の中で誰かと友達になるように促します。一緒に練習したり、遊ぼうと誘うことをすすめます。

■他の人に近づいて、質問をする。
■食堂、バス、校庭、課外活動など気楽な場面で話をする。
■嫌なことをやめて欲しいと言う。
■遊んでいる集団の中に入れてもらう。
■宿題を聞くために同級生に電話する。
■教室で質問したり、答えたりする。

人前で何かをする場合と同じで、対人場面も学校外のもっと緊張しない場所、例えば、家や親戚の中などで練習できます。あなたが先生の真似をして、子どもが質問するなど、演技をしてあげることもできます。練習している時に、もう少しうまくやるにはどうしたらよいか教えてあげましょう。もうちょっとはっきりしゃべった方がよい、しっかり目を見た方がよい、答える前に少し間をおいた方がよいなど、具体的に説明します。

学校が嫌で欠席するようになると、親はとても動揺します。でも、状況は変わります！　学校での人との関わりや人前で何かする時の不安を和らげるにはたくさんの練習が必要です。うまくできるようになるまで練習を続けましょう。辛抱強く、誰かの助けも借りて、学校の先生とも協力しましょう。あなたならできます！

第5章

親と一緒に
いたくて
学校に行きづらい

親と一緒にいたくて学校に行きづらくなっている場合

親と一緒にいたいために学校に行きづらくなっている子どもは比較的年齢が小さく、朝にかんしゃくを起こしたり、家にいたい、親に学校に来て欲しいなどと言ったりします。また頑固で、色々知恵を働かせているように見えたり、人を操作しているように感じたり、こちらの罪悪感をくすぐるような態度を見せたりすることもあります。

学校に行ったとしても、日中に何度も電話をかけてきたり、何度もしつこく同じ質問をしてきたり、家に帰るために学校から逃げ出す子どももいます。こういう子どもの多くは、学校のことが特に嫌いというわけでもありません。

親といようとする行動を変えて、出席状況を改善するために、次のことに取り組みます。

- 朝の準備を決める。
- よい行動に注目し、悪い行動は無視する。
- じたばたせずに学校に行けた時のために、あらかじめごほうびを決める。
- 学校に行く時にじたばたした時のために、あらかじめペナルティを決める。
- 子どもに対して言う内容と言い方を今までと変える。

■過剰な電話や質問に対処する。
■学校から逃げ出す場合の対応を考える。
■一定の条件がそろったら、強制的に登校させる。

親と一緒にいたいために学校に行きづらくなっているなら、恐らく、朝はほとんど子どもに合わせて動いていませんか。子どもが「支配している」ような感じで、朝の子どもの行動に家族みんなが反応している状態かもしれません。子どもがかんしゃくを起こすのではとびくびくしながら、かんしゃくを起こさないように、例えばランドセルを準備しなければいけない時にテレビを見させたりなど、ありとあらゆることをしているということがないでしょうか。

それから、学校に行かせるために、子どもと一緒に右往左往しているかもしれません。わめいたり、さとしたり、かけ引きしたり、「餌」でつってみたり、学校へ行くように何度もお願いしてみたりしてはいませんか？　ささいな体の症状でも和らげようとしたり、繰り返し家にいたいと言う言葉や質問にいちいち反応しているかもしれません。そうこうしている間でも、子どもは学校に行こうとしないし、結局欠席してしまったりするのです！

このような行動は、基本的には子どもの行動に反応してしまっているのです。親が反応することによって、子どもは親の注意を引くことができるので、ますます学校へ行きづらくなり、私はこれを「子どもに合わせて踊る」と呼んでいます。あなたはどんなふうに子どもの行動に反応していますか？　学校に行かせるために、普通と違うどんなことをしていますか？

まずは対応を変えなければいけません。子どもの方が親に合わせて踊らなければならないのです。あなたが決めたルールやあなたが言うことに子どもが反応するように朝の準備を計画しなければなりません。逆であってはいけません。

そのために、分かりやすく変わらないルールを作って、学校のある日は毎日それに従うことにする必要があります。ルールを守ればよいこと（ごほうび）があり、守らなければよくないこと（ペナルティ）が与えられます。こうして、子どもはあなたが設定したルールとその結果に従って行動するようになります。あなたがボスなのです！

あなたに合わせて子どもを踊らせる

あなたに合わせて子どもを踊らせるには、簡潔で要点を絞った指示をすることも必要です。長々と言い合ったり、安心させたり、学校に行かせるために色々と約束したりすることにはもううんざりしていることでしょう。

分かりやすく従いやすい、簡潔な指示を説明していきます。繰り返しますが、指示に従えば、よいこと（ごほうび）がもらえて、従わなければ、よくないこと（ペナルティ）が与えられます。このようにすると、子どもはあなたの言うことに反応するようになるのです。

あなたに合わせて子どもを踊らせるには、子どもの行動に限度を設けることも必要です。朝のどんな行動は無視して、どんな行動は注目してあげるか、どんな体の症状があれば休ませてもよいか、何度も同じ質問を繰り返す時にどう答えたらよいか、日中に学校から子どもが何度も電話をかけてくる時はどうしたらよいか、いつ学校へ行ったらよいか（行かない方がよいか）、校舎から逃げ出したらどうしたらよいか、ということもこの章では説明します。強制的に登校させる場合のことも解説します。

これを実行していくには、あなたが相当努力しなければなりません。夫婦で次のような姿勢を持たなければ、本章はあまり役に立ちません。

■実行しようという意思と能力を持っている。

■夫婦が互いに助け合っている。

■子どもが親と一緒にいたいという理由だけで学校に行きづらくなっていると確信できる。

■学校職員と緊密に協力し合っている。

■この方法を一貫してずっと行うことができる。

本章を実行するのに、ためらいを感じたり、罪悪感を持ったりするかもしれませんが、それが普通です。ただし、あまりにもためらいや罪悪感が強過ぎる場合は、まずその気持ちを解決しなければなりません。

計画を立てたら逐一家族や学校職員に相談しましょう。最も大事なことは、本章はあなたの家族や子どもの生活をよくすることを目標にしているということです。朝がもっと楽になり、ギスギスした雰囲気が和らげば、家族の生活もよくなるでしょう。子どもも学校に行きやすくなって、しっかりと教育を受けることができれば、子どもの生活もよくなります。

長い目で見れば、みんなが恩恵を受けるのです！

朝の準備を決める

親と一緒にいたいために学校に行きたがらない場合や、登校前の朝がめちゃくちゃになってしまっている場合は、まずやるべきことは、朝の準備を決めることです。朝が一番大変で苦痛だという親は多いです。特に、体の症状を訴えたり、繰り返し家にいさせてとお願いするような時は大変です。朝は気持ちもせかされて、慌ただしくなります。もちろん、この原因は、子どもがぐずぐずしたり、動こうとしなかったり、かんしゃくを起こしたりするからです。

この状況を変えなければなりません。まずは夜に、座って落ち着いて朝の準備の計画を立てます。家にいる大人みんなで計画作りに取り組みます！　次に、毎朝同じ準備をしましょう。日中やることは日によって違うかもしれませんが、朝は同じスケジュールを守ります。

自分が毎日何をしなければならなくて、その結果どうなるか（ごほうびやペナルティ）が分かれば、親が何度も説明する必要は少なくなり、ケンカも少なくなります。それから、登校時間の二時間前に起きることをおすすめします。八時五〇分に学校に到着したいなら、六時五〇分には起きます。通学に一〇分以上かからないことを想定していますが、もっと通学時間が長い場合は、その分朝早く起きるように時間を設定してください。

六時五〇分に起きなければならない場合は、目覚まし時計（あなたの声かけ）は六時半、六時四〇分、六時四八分になるようにセットします。六時半に目を覚まさなければ、六時四〇分に、それでも目を覚まさなければ六時四八分に起きて、六時五〇分にはベッドから出ます。ベッドから出ない場合は、ベッドから出られるように手伝います。時刻通りにベッドから出ることができた時のごほうびや、できなかった時のペナルティを思い出させてもよいでしょう。

朝の準備計画作りの次のステップは、登校するまでに何をするか準備順番表を作ることです。左頁のように、あなたがよいと思う順番に並べて、何分くらいかかるかを記入します。必ず、実際にその行動に必要な時間よりも多くの時間を割り当てます。終えるのに充分な時間を割り当てて、さらに五分足してください。例えば、服を着るのに一〇分あれば充分だけれど、ぐずぐずすると一五分ぐらいかかる場合は、服を着るという行動には二〇分割り当てます。ゆとりある計画を立てておけば、子どもがかんしゃくを起こしたりぐずぐずしても、焦らずにすみます。洗面に一〇分ではなくて一三分かかったら、少し焦るかもしれませんが、次の行動にも余分な時間を作ってあるので、そこまで焦る必要はありません。それぞれの行動に充分な時間を割り当てれば、今までよりせかされた気分になることもないでしょう。

計画の中には「念のための時間」を入れておきましょう。先ほどの例では八時から八時二〇分が念のための時間です。この時間までに子どもが全部の準備を完了したら、何かごほうびをあげます。例えば、テレビでアニメを見たり、本を読んだりするなどです。念のための時間までに朝の準備ができていなければ、その時間は残りの準備に使います。ぐずぐずしながらも八時一五分にやっと準備ができたら、予定通りに学校に連れて行きます。ただし、この時にぐずぐずしたことについては夜にペナルティを課します。

ここで紹介したのは、あくまで一例です。自分の子どもにあった計画を立ててください。他にも子どもがいる場合もあるでしょうし、シャワーを浴びるなど違う準備が必要な場合もあるかもしれません。朝の準備前や途中で、親のどちらかが仕事に行かなければならない時は、さらに時間を割り当てる必要があります。

朝の準備計画を立てたら、本人もきょうだいも含め、

朝の準備順番表

6：50	ベッドから出る
6：50～7：00	洗面所で顔を洗う（10分）
7：00～7：20	朝食を食べる【朝食は7時までに用意】（20分）
7：20～7：30	洗面所で歯磨き、洗面。（10分）
7：30～7：50	服を着たり、その他必要なものを身につける（20分）
7：50～8：00	コートを着たり、ランドセルを背負ったり、登校前の最終準備をする（10分）
8：00～8：20	念のための時間【準備ができていたらこの時にごほうびをあげてもよい。できていなければ、この時間を使う】（20分）
8：20～8：40	通学時間（20分）
8：40～8：50	子どもと別れる。校舎に入る（10分）

ワークシート❽ 〜朝の準備計画〜

WORK SHEET

して欲しいこと	かかる時間
	例：7時から7時20分

家族全員が把握しておくようにします。子どもには記憶しておくように言ってもよいですが、交渉してはいけません。子どもが従わないといけないルールを、あなたが決めるのです。

朝の準備計画ができたら、二、三日実際に試してみましょう。どこに微調節が必要か見るためです。もっと時間が必要なステップがあったら、計画を少し調節します。ただし、二、三日試して調節した後は、もう朝の準備計画は変えません。

この朝の準備計画にもとづいて、説明を進めていきます。朝の準備計画が決まっていて、家族みんなが何をしたらよいか理解していれば、これからやることはずっと楽になります。繰り返しますが、この朝の準備は、学校がある日は毎日一貫して実行しなければなりません！　よほどの緊急事態がない限り、例外はありません！　自分だけではできそうもないと思うなら、助けてくれる人を捜しましょう。

よい行動には注目し、悪い行動は無視する

登校を嫌がる子どもを親が色々とかまって、子どもが親の注目を浴びている状態になっているというご家庭はありませんか？　これはよく分かります。気づけば、さとしたり、わめいたり、かけひきしたり、「餌」でつってみたり、学校へ行くように何度もお願いしてしまってい

ることもあるでしょう。時々ならよいですが、毎日なら、どうにかしなければなりません。

恐らく、今あなたは子どもにかなり注目していると思います。ぐずぐずしたり、動こうとしないとか、体の症状を訴えたり、泣いたりなど、悪い行動にも注目してしまっていませんか？学校に行かないとイライラして、イライラが子どもへの怒りに変わってしまうこともあると思います。しかし、それではうまくいきません。別の方法を試す必要があります。


朝の準備をしている時、学校に送って行く時には、よい行動は注目してあげます。決められた準備をしっかりやったとか、言うことをよく聞いたなど、子どもがしっかりあなたに応えた時は、喜んでいることを必ず伝えましょう。この子は親にかまって欲しいんだということ、私はそういう子に対処しているんだということを忘れてはいけません。よい行動には注意を払って、やるべきことができた時にはしっかりほめましょう。

時間通りに服を着るなど朝にやるべきことができたら、一つ一つできるたびに、笑顔でほめたり、抱きしめたりしてあげてください。「きちんと服を自分で着られてお母さん嬉しいわ」「朝ごはんしっかり食べたね。すごい！」など言葉で伝えましょう。

よい行動を当たり前のように放っておかないでください。学校に行く助けになることなら、どんな些細なことでもできたら、その都度ほめてあげましょう。もちろん、細かいこと全部をほめられないと思いますが、「ほめられた」と子どもが感じることができるように、朝は注意をはりめぐらせておきましょう。

また、できる限り悪い行動は無視しましょう。ぐずぐずしたり、泣いたり、些細な体の症状を訴えたり、かんしゃくを起こしたりするなどの行動です。無視するのが難しい場合が多いことは、私にもよく分かります。しかし無視することで、どんな問題があっても学校へ行く準備はしなければならないと知らせるのです。

悪い行動からは注意をそらせてください。行動が注目されず報われないことが分かると、そのような行動は段々と減ってきます。悪い行動を無視することは、とても努力がいります。無視することに慣れていないからです。しかし、

column

長期休暇や休日の後の登校

長期休暇や休日の後に、登校しづらくなる子どもがいます。いつでも寝られるし、テレビも見られ、友達とも遊べ、夜ふかしもできるからです。

この場合には「朝の決まった準備」を学校が始まる数日前から始めましょう。例えば、冬休み後、1月8日には登校しなければならないとすると、その前に学校に行くかのように朝の決まった準備をします。少なくとも2、3日前には実行します。そうすれば睡眠時間も戻って、登校当日の朝のバタバタも避けられます。

夏休み後の登校が難しくなりそうな雰囲気なら、少なくとも1週間前くらいから朝の学校準備を行います。夏休み中には、友達作りに結びつく活動や、他者の前で何かをするような活動を色々させましょう。

しっかり練習してください！

スムーズに学校へ行けた時のごほうびを決める

よい行動に注目するのは非常に重要です。しかし、準備や登校をしっかりさせるもっと強力な方法があります。それは、あらかじめごほうびを決めておくことです。ごほうびは見たり触れたりできるものがよいでしょう。例えばテレビを見たり、ゲームをしたりなどです。朝にも夜にもあげるというのもよいでしょう。朝の決まりごとを問題なくできたら、朝の「念のための時間」を使って、あらかじめ決めたごほうびをあげます。八時までに準備ができて、八時半まで時間があれば、遊んだり読書をしたりというのでもよいでしょう。この時間までには、あなたも準備完了しておいて、必要な時に決めたごほうびをあげられるようにしてください。

かんしゃくを起こすなどの問題行動なしに、準備をして、家を出て学校に行けたら、夜に必ずごほうびをあげます。子どもは親からの注目を浴びたいので、夜少し遅くまで起きていたり、楽しいことを一緒にしたり、本を一緒に読むというごほうびもよいでしょう。こうやってごほうびをあげている間も、なぜごほうびをもらっているのか子どもに思い出させてください。じだばだせず学校にいくのはよいことなのです！　じだばだせずに学校へ行けたら、毎日小さくてもよいので必ずごほうびをあげましょう。

学校に行く時にじたばたした場合のペナルティを決める

ここまではアメのことを話してきました。ムチのことも話さなければなりません。朝の準備や学校に行く時に問題を起こしたらどうなるでしょうか？　この場合、まずチェックしなければならないのは、朝の準備計画が難し過ぎないかどうかということです。難し過ぎるなと感じるなら、行動に充分時間が割けるように微調整しましょう。

次に、朝の問題行動で、あなたにとって一番大変なものはどれかを見極めることです。つまり、あなたが発狂しそうになるのはどの問題行動でしょうか？　こういう質問をすると、多くの方が漠然と「学校に行かないこと」とか、「遊び回ること」と答えます。しかし、ここで考えていただきたいのは、もっと具体的な問題行動です。

ワークシートに記録した問題行動の中の大変なもののうち、まずは二つ選んでください。この二つの問題行動にペナルティを与えることに集中します。この二つの問題行動が少なくなったら、他の問題行動に同様にペナルティを与えます。問題行動には次のようなものがあります。

■朝の準備をしない、またはやろうとすらしない（ずっとぐずぐずしていることも含む）。
■泣いたり、叫んだり、蹴ったり、手足をじたばたしたりなどかんしゃくを起こす。
■ベッドから出ない、家や車から出ないなど、動こうとしない。
■校舎に入らない。
■家や学校から逃げ出す。

他にもあなたがリストアップしたものがあると思いますが、こういった問題行動のために、学校に時間通りに登校できなくなります。ですから、問題行動にはペナルティを与えなければいけません。ペナルティの目的は、子どもを傷つけたり、自分の怒りを解消したりするためではありません。どんな行動が望ましくほめられるのか、どんな行動がダメでペナルティを課せられるのか、はっきりと子どもに教えるためです。よい行動をほめるようにしておけば、ペナルティは行動を変化させるのに効果的に働きます。あなたに合わせて、子どもが踊るような仕組みを作っていることを忘れてはいけません！

多くの方は、学校に行かせるためにペナルティを与えたくはないと言います。これもよく分かります。ペナルティを課すのは大変で、嫌なことです。ただし、ここでは、学校へ行く必要があって、学校のことが嫌いでない子どものことを話しています。コートを着なさいと言っても、コートを着ないなら、きっとあなたは受け入れがたいでしょう。親と一緒にいたくて学校に行きづらくなっている場合も同じことです。学校へ行きなさいと言っても、子どもが言うことを聞かないのです。この状態を変えなければなりません。

ごほうびと同じように、ペナルティを与えるのも朝と夜に行います。朝のペナルティには、少し工夫が必要なことがあります。かんしゃくや叫んだりすることを無視するというように、単純なペナルティがよい場合もあります。朝の激しい問題行動はできるだけ無視するようにしてください。無視しつつ、自分の朝の準備を続けて、子どもが学校に行き、自分が仕事に行くのが当然というように行動してください。

かんしゃくのような激しい行動が注目されないと分かると、そういった行動を続けることは少なくなります。問題行動を無視している時は、タイマーをセットして、その時にすべき行動、例えば服を着るのにあと何分かけられるか、子どもに分かるようにしてください。こうすれば、かんしゃくや叫び声に言葉で注目を与えることなく、今何をすべきか伝えられます。

朝のペナルティとして、自由時間を減らすというやり方もあります。例えば八時までに準備が出来ていなければ、残りの「念のための時間」は準備のために使わなければなりません。かんしゃくを起こしたら、この自由時間にやっていたことを制限することもできます。例えば、叫んで、「嫌だ！」と言ったので、この自由時間にテレビを見てはいけないという方法もあります。この場合、叫んだとしても、もし八時までに準備を終えていたら、テレビは見てはいけないが、読書ならよいというふうにします。

ペナルティは夜にも与えなければいけません。私のやり方は、朝にした問題行動の時間の二倍の時間ペナルティを与えるということです。朝に一〇分かんしゃくを起こしていたら、夜には二〇分ペナルティを与えるということです。朝の準備は終えたけれど、学校に入るのを一五分渋っていたなら、夜のペナルティは三〇分にします。朝の準備が七分遅れたら、夜のペナルティは一四分にします。このペナルティは、朝に行ったペナルティに加えて行います。

親の注目を失うということを、ペナルティにすることもすすめます。例として、早く寝なければいけない、親と何かするのを中止するか部屋にいなければならない、階段に座っていなければならないというやり方があります。体罰はすすめません。

小さい子どもの場合、親との関わりが減ることの方が効果的だからです。体罰が登校させるのに役に立たないことは、もうお分かりになっているでしょう。多くの親は一度たりとも体罰などしたくないと思っています。もし体罰を考えるのであれば、家から道路に飛び出して逃げるなど危険な行動に対してだけです。

朝の準備をほとんどやらなかったり、たくさん問題行動を起こしたら、夜のペナルティも重くします。「えぇっ！」と言うかもしれませんが、実際は想像されるよりは怖いペナルティではありません。登校前にひどく暴れた場合、夜は例えば、テレビやゲーム、電話、パソコンの時間をなくしたり、友達と遊んだりできず、代わりに、家事手伝いや、早く寝なければならないようにするということです。さらに、明日は明日だから、もし暴れないで学校に行ったら、夜は今日とは違ってもっとよいことが起こるよとも伝えます。

うちの子どもは問題行動があまりに多くて、ペナルティが膨大になりそうだと言う人もいます。一週間全く学校に行かなくて、何時間もペナルティを与えないとならないというような場合です。このような時は、家の手伝いを週末にさせることで、ペナルティを帳消しにします。例えば、朝中ずっと車庫を掃除したり、窓拭きをさせたりというようなことです。やり終えたら、ペナルティは帳消しにしたと伝え、月曜日は学校に行くように言います。

あまりに厳しいペナルティで脅すことはやめましょう！　親の中には、一回強烈にペナルティを与えたら学校に行くと信じている人もいます。実際、一、二度は効果があるかもしれません。しかし、効果は続きません。例えば、誕生会を中止するとか、一カ月友達と遊ばせないというような脅しです。これには大きな問題があります。

第一に、毎日こんなに厳しいペナルティを続けることはできない、でも子どもは毎日学校を嫌がるということです。第二に、大部分の親はこういうペナルティを実際に行わずゆるめてしまうことです。実際にペナルティを行わなければ、子どもはペナルティを信じなくなります。実際にペナルティが課せられなければ、脅しても子どもが聞くでしょうか？

一番よいペナルティは、もっと軽くて毎日一貫して行うことができるものです。子どもは親に注目されたいというのが望みです。ですから一番よいペナルティは、親ががっかりしたり、親の注目を失ったりするような要素が入っていることです。

子どもをずっと避けてはいけません。そうではなくて、よい行動をして、学校に行って欲しいということをはっきり分かってもらうことが大事です。朝の準備をしっかりしたなど、よい行動はほめてごほうびをあげることを忘れてはいけません！　アメとムチの両方がそろって最大の効果を発揮します。どちらか一方ではいけません。

子どもに言うことを変える

　ここまででもやることがたくさんあると思います。朝の準備計画を立てて、管理して、必要な時にごほうびやペナルティを与えなければなりません。しかし、何よりも大事なことは、子どもに何をどのように言うかです。簡潔な内容を、冷静な口調で淡々と話すということです。

　子どもが学校に行きたくないとか、何かをしたくないと言う時は、何とか説得して行動させようとしたくなります。よく分かります。そんなこととして自分のためにならないよとか、今の状態がどんなに悪いか、何度も何度も説明します。叱りつけたり、怒鳴ったりする親もいます。学校へ行ってくれさえしたらよいことをしてあげるなど、誤った取り引きをする親もいます。残念ながらこれはうまくいきません。

　やり方を変える必要があります。子どもに話しかける時や、何かをしなさいと伝える時は、次のことを覚えておいてください。

■はっきりと何をして欲しいか伝える。
■短く、直接的な指示をする。
■話しかける時や指示を出す時は、しっかりと目を見る。

■実際にできることを指示する。
■子どもと一緒に作業を行う。
■しっかり耳を傾ければほめ、聞かなければペナルティを課す。

もっと細かく見ていくことにしましょう。子どもに何かして欲しいと言う時は、明確にしましょう！「部屋をきれいにしなさい」とか「学校の準備をしなさい」などと言うことが多いと思いますが、これは明確ではありません。あなたの考えるきれいな部屋と子どもが考えるきれいな部屋は全然違うかもしれません！「五分以内に床に置いている服を拾いなさい」とか「すぐに本をランドセルに入れなさい」など、もっと具体的で明確な表現を使いましょう。

明確に表現することで、何をして欲しいか子どもがしっかりと理解できるし、あなたもしっかりできたかどうか判断しやすくなります。そうするとごほうびやペナルティを与える判断をしやすくなります。例えば、本をランドセルに入れなければ、言うことを聞いていないというのが分かるので、ペナルティを与える行動ということが判断できます。

指示する時には、ごく簡潔にしましょう。説明や批判をしてはいけません！皮肉を言ってもいけません！質問もしてはいけません！例えば「朝ごはんだけでも食べてくれない？」ではなく、「あと五分で朝ごはんを食べなさい」とか「すぐズボンをはきなさい」というように簡単に指示します。何度も繰り返さず、子どもが指示に従ったらほめます。指示を聞かなければ、あらかじめ決めたペナルティが自動的に課されるのです。

子どもが親に注意を向けている時に指示しましょう。テレビを見たり、雑誌を読んだり、おしゃべりに夢中になっている時には指示を出してはいけません。指示を出す前に「こっちを見なさい」と子どもの注意を向けさせてから指示を出します。しっかり聞いているか、理解しているか分からない時は、指示したことを復唱させましょう。これで、「朝の準備計画の時にたっぷり時間をとりましょう」と言った理由をご理解いただけたかと思います。

指示は、実行できることが重要です。あまりに色々なことをやらせようとして、全くできな

いとイライラするというのはよくある間違いです。例えば、こんな指示をする人がいます。「部屋に行って、服を着替えて、歯を磨いて、髪をときなさい」。一〇分後、服は着たけれど、ベッドに座ったままの子どもを見ると、親はきっとイライラすることでしょう！

よい方法は、一度に一つのステップの指示をするということです。具体的には「部屋へ行って着替えなさい」というようにです。それから、一〇分後にできているか確認して、次の指示を出します。「よくできたね。じゃあ、歯を磨きなさい」という具合です。七、八歳の子どもは、複雑なことを記憶したり考えたりできません。だから、シンプルに指示してください。

して欲しいことは、親も一緒にします。一緒に歯を磨いたり、服を着たり、朝食を食べたり、かばんの中身を準備したりなどです。一緒に準備することで、できているか観察することができます。また、いつその行動をしたらよいのか、あなたがよいお手本になれます。ほとんどの子ども、特に親の注目を浴びたい子どもは、親と一緒に何かすることをとても喜びます。

朝の準備や登校中、よい行動は必ずほめて、あらかじめ決めたごほうびをあげて、悪い行動にはペナルティを与えます。声は、平坦に冷静にし、感情的になったり荒げたりしないようにしましょう。「あなたは学校に行きます。以上」のような文章を読むトーンをイメージしてください。ケンカしたり、言い争ったり、取り引きしたりせず、何があろうと学校に行ってもらう、というシンプルな要求を伝えます。怒鳴ったり脅したりせず、あなたのメッセージが伝わるようなごほうびやペナルティを作りましょう。

繰り返される言葉や質問や電話への対処

朝の準備が出来て、学校へ行くようになっても、子どもが何度も何度も同じ質問をしてきたり、学校から何度も電話してきたりして悩む人もいます。親と一緒にいたくて学校へ行きづらい子どもは、よくこういう行動をします。「学校は嫌だ。今日は家にいたらだめ？　お母さん。今日は家にいたいな。お願い！　お母さんと一緒にいたい」と、朝に泣きごとを言う子どもには、どうもこうも弱ってしまいます。こういう言葉や質問にその度に答えていては、あなたも疲れてしまうのでやめましょう。

学校についての言葉や質問は、一度だけ答えます。こんなふうに言うとよいでしょう。「それは前に話したよね。今日は学校に行きます。これでおしまい」。その後は、何度子どもが言ってきたり質問してきても無視します。何度も答え続けて、あなたが子どもに注目していくと、それは行動をさらに強めるだけです。繰り返す言葉や質問を無視することで、そのような行動も減っていきます。

子どもが学校から頻繁に電話をかけてくるのはどうしたらよいでしょう？　携帯電話を持っ

ている子どもも多いので、家や職場に何度も電話をかけてくる場合もあるでしょう。

この場合は、何回までなら電話をかけてよいか、どのような状況であれば電話をかけてよいか、はっきりと決まりを作ります。私のおすすめは、電話は一日二回以下（朝一回と午後一回）、電話をかけてもよい時間で、授業の邪魔にならない時だけしかかけてはいけないとすることです。電話をかけてよい時間を先生に確認しておきましょう。

さらに、学校でしっかり過ごせた時だけ電話してよいとします。この場合は、学校の状況が分からないとできないので、まずあなたと先生が話してからでなければ電話をかけさせないという方法をおすすめします。学校から帰ろうとして電話をしてきたり、早く迎えに来てと電話してくる時は、電話を認めてはいけません。「学校にいなさい、いつもの時間に迎えに行く（または、帰宅する）」とシンプルに伝えましょう。必要ならば電話を切ります。約束に従わないで電話をし続けるなら、この行動に対して夜に必ずペナルティを与えましょう。

学校から逃げ出す子どもへの対処

正直に言うと、一番心配なのは学校から逃げ出す行動です。たいていはいったん教室に行ってしまえば、一日学校で過ごせます。しかし、教室や校庭から逃げ出して、校外に出てしまう子どももいます。隠れる子どももいますが、家に帰る道を探そうとする子どもが多いです。もちろん、これは非常に危険な行動なので、すぐに対処しなければなりません。

学校から逃げ出しそうと思うなら、すぐに教職員と面談しましょう。


三つのポイントを覚えておいてください。

一つ目は、学校に行っている間、観察をしっかりしてもらうことです。「逃げ出すリスク」が高いと先生が感じたら、逃げ出さないような対策をしてもらう必要があります。対策はどんなものであれ、あなたも安心できるものでなければなりません。

教室から他の場所へ移動する時には大人がついて行くこと、トイレの外で誰かを待たせること、昼ご飯、休み時間、その他授業以外の時に誰かが注意して見守ることは

column

学校について行くために仕事を休むかどうか

仕事を休んだり、教室に子どもと一緒にいることはおすすめしません。子どもの依存性や気を引く行動を強めてしまい、登校が後々難しくなるからです。
一緒に行くとしても、「校庭かロビーまでしか一緒に行かないよ」と言っておくこともできます。その場合は教師と事前に相談して、そこから教室に連れて行ってもらうようにしておきましょう。
すでに仕事を休んでいる場合は、徐々に教室から離れていくようにします。例えば現在2時間教室にいるとしたら、それを15分短くし、それで大丈夫なら、2、3日ごとに15分ずつ短くするのです。段々と関わりを少なくして、校庭かロビーで教師に子どもを引き渡すことを目標にしていきます。この間、暴れたりするなら、家でのペナルティを作ります。

最低限対策に入れておきましょう。

二つ目は、校外に出てしまった時の対策を立てておくことです。校外に出てしまった時は、警備員や警察にすぐに連絡してもらいましょう。当然ですが、あなたにもすぐに連絡が入るようにしてもらいます。もし子どもがなんとか家に帰って来て、その時にあなたも在宅していたら、学校に連れ帰って、先生に子どもがどこにいたのか、どうしていたのか伝えます。そうして、予防策のどこがうまくいかなかったのか、どうやって再発を防いだらよいかを検討してください。

三つ目は、子どもがいつ欠席予定かを教職員に伝えることです。そうしておけば、子どもが予定通りの欠席の場合は、教職員は子どもを捜さなくてすみます。それから、遅刻して登校した時は職員室に行って、担当の先生に登校したことを伝える習慣をつけておきましょう。あなたや学校職員が子どもの居場所を常に知っていて、いない時に何が起こったかすぐに理解して、子どもを見つけることができる仕組みを作ることが目標です。

分離不安と「しがみつき」行為

分離不安というのは、親と離れると親や自分に何か悪いことが起こるんじゃないかと過剰に不安になってしまうことです。分離不安を持った子どもは、例えば、親が交通事故にあって、学校に迎えに来られなくなるんじゃないかと心配したりします。

分離不安を持っている場合、ある決まった時間に絶対に迎えに来てと言うかもしれません。例えば、一五時一七分などと、細かく時刻を指定して迎えに来てと頼まれることです。親の多くは、言われた通り、一五時一七分までには到着するようにして、場合によっては、自分の予定をずらしてまでもその時間に合わせようとするかもしれません。しかしこれでは子どもが親に合わせるのではなくて、「子どもの音楽に合わせて親が踊っている」ことになります。

子どもには柔軟性を身につけてもらい、数分迎えが遅れても悪いことはまず起こらないということを体験してもらう必要があります。実際には、子どもには安全な場所、例えば職員室やロビー、校庭や校舎の出口などで待つように伝えて、一五分以上は遅れないけれど、同じ時間には迎えに来られないと伝えます。もし一五時一七分までに下校の準備ができているとすれば、一五時一七分から一五時三二分の間いつ迎えに行ってもよいということです。その上で、迎えに行く時間を変えます。ある日に一五時二二分に迎えに行ったら、別の日は一五時三〇分に迎えに行って、またある日は一五時一七分に迎えに行くという具合です。このことでかんしゃくを起こしたり、文句を言ったりするなら、それは無視しましょう。

学校に迎えに行った時には、何も悪いことが起きなかったことを振り返らせます。何度も実行すれば、緊張も和らいでいって、悪いことはまず起こらないんだと気づくようになります。違う時間に迎えに行くことをしっかりと耐えたら、頑張ったことを必ずほめましょう。一五時三二分よりも遅れる場合には、何をしたらよいか教えておいてあげます。「職員室に行って親が遅れていることを伝えなさい」と言うのがおすすめです。この場合、一五時三二分を過ぎないと職員室に行ってはいけないとします。こうすれば、誰かが迎えに来るまで安心して過ごせます。携帯電話を持っているなら、少し遅れることを電話してもよいでしょう。

分離不安を持つ子どもの中には、朝に親にしがみついて離さない子どももいます。親に注目して欲しいというのと、つらさのあまりというのと両方がありますが、対応は同じです。校庭でしがみついてくるなら、朝の準備計画を立てたように、校舎に入る計画を立てます。

例えば、次のように計画します。

■親切な職員（子どもが好きな職員）に外に迎えに来てもらったり、門で待っていてもらって、挨拶したり笑いかけてもらったり、教室まで連れて行ってもらえるように相談しておく。
■毎朝同じ時間に到着する。可能なら校舎に入る一〇分前には到着しておく。
■着いたら、「準備は全部できている？」と聞く。この質問は家を出る前に聞いているので、答えは常に「うん」。何か忘れたと言うなら、子どもには「学校に行きなさい、忘れ物は後で届ける」と伝える。忘れ物を届ける時には、職員室に届ける。
■泣いたり、叫んだり、軽い体の症状を訴えたり、家に帰りたいとか学校が嫌だという話や質問は無視する。
■最後にバイバイと言って、子どもを抱きしめる。泣いたり、しがみついたりしても、頑張っていること、学校に行くことをほめる。出席するまでが目標ということは忘れない。
■すぐに立ち去る。

家に連れて帰る事態になるのは避けましょう。時間通りにどうしても校舎に入ることができない場合は、二、三時間でもできるだけ長くそこにとどまって、最終的に校舎に行かせましょう。子どもにとって（また明日の翌日のあなたにとっても）、欠席して家にいるよりも、一〇時半など遅れて学校に行って、その後学校で過ごさせる方がはるかによいです。校舎に入るのが遅れたら、夜に必ずペナルティを与えることも忘れてはいけません。

これらを行うのがつらいことはよく分かります。しかし、私の予想では、子どもは校舎に入って数分は動揺していますが、後の時間は問題なく学校で過ごせます。私も娘を幼稚園に送って行った時は、娘が泣くことも時々ありました。もちろん、いたたまれない気持ちでした。ただ、職場に行って、教室を映しているウェブカメラを見てみると、とても楽しそうにしているではないですか！　私は長い間、学校に行きづらい子どもに取り組んでいますが、娘のパターンとほぼ同じです。

それでも不安なら、子どもの様子を聞いて安心するために、送った後で担任の先生に聞いてみましょう。昼ご飯の時やそれ以降もまだ泣いているなら、第3章で紹介した方法をいくつか試してみてください。学校に行っても一日中泣いているようなら、精神科医やカウンセラーに相談するのもよいかもしれません。ただし、一般的には計画を続ければ続けるほど、何度も学校には行かなければならないと伝えれば伝えるほど、校舎に入るのは簡単になっていきます。

強制的に登校させること

家から子どもを出すことができなかったり、校舎に入る計画をしようとしてもできなかった場合はどうしたらよいでしょうか？　こういう時には、無理にでも学校に連れていった方がよいのでしょうか？　とよく聞かれます。

子どもを強制的に登校させるのは、危うい時もあるので、一般的には特殊な場合を除いておすすめしません。やはり、朝の計画を立てて、ごほうびとペナルティを決めて、学校に行かなければならないと伝える方法をおすすめします。強制的に登校させるような激しい手段をとる前に、少なくとも数週間は私のすすめる方法でどうなるか経過を見てください。

子どもがあまりに強情で、絶対に家から出ない場合には、強制的に学校に連れて行こうと考えるかもしれません。

ただしこれは最後の手段で、次の条件が当てはまる場合だけにした方がよいと思います。

■一〇歳以下。
■学校については嫌なことが全くない。
■親と一緒にいたいという理由だけで登校を拒否している。
■家や車から出ないとどうなるか、子どもは完全に理解している。
■登校している日より欠席している日の方が多い。
■大人二人で毎日子どもを連れていくことができる。
■学校職員にも計画を伝え、入り口まで迎えに来て教室まで連れて行ってもらえる。
■強制的に登校させることについて、後ろめたさも、つらさも、ためらいも、心配もない。
■あなたに強制的に登校させる体力と能力がある。

どれかが当てはまらない場合は、強制的に登校させる方法はおすすめしません。

万が一強制的に登校させようとするなら、朝の準備の最後に次のことをおすすめします。

■もし家や学校から出ないなら、力を使って学校に連れていくことを前もって子どもに伝える。子どもがそうして欲しくないと言い始めたら、一言「すぐに行きなさい。そうじゃないと連れて行く」と警告する。

■必要なら、大人二人で子どもを車まで連れていき、外に出ないように後部座席に大人一人と一緒に乗せる。これを一人でやってはいけません！

■車で学校に送ってく時には、泣いたり、かんしゃくを起こしたりするなど、学校へ行くまいとする激しい行動は無視する。この場合は何も言わないのが最善。

■職員が待っている学校の入口に連れて行き、教室まで連れて行ってもらう。す

column

子どもがずっと家にいる場合

学校がある時間帯は子どもを椅子に座らせておくか、ベッドに寝かせておきましょう。とにかくテレビ、ゲーム、パソコンなど楽しいものに子どもが触れないようにします。さらに、言葉かけやスキンシップは最小限にします。休んでもあなたの気をひけないと気づくと、登校への拒否感が少なくなります。

日中に家にいる時には、宿題をさせたり、教科書を読ませたり、問題集など勉強をさせましょう。誰かに任せている場合は、このことをしっかり守ってもらいます。学校の時間帯が終わっても、気を緩めてはなりません。家の雑用をさせたり、部屋にいさせ、友達と遊びに行かせません。学校を休んだペナルティは夜に行い、もしも1週間ほとんど学校を休んでいるようなら、週末に活動の制限や、ペナルティを課します。

ぐにその場を立ち去る。バイバイを言えなかったなどと心配する必要はない。

■後で学校職員に、あなたが去った後どうなったか聞く。朝に激しい行動をした場合は、夜にペナルティを与えることを忘れない。

できるかどうか自信がない時は、この方法はやめましょう。強制的に登校させるのは非常に効果的ではありますが、親がためらったり、あきらめたりする危険があります。この場合、学校への行きづらさはさらに強くなり、ますます学校へ行くのが難しくなります。

ほぼ一日学校に行けない

ほぼ一日学校に行けていない場合は、一日出席するための最初のステップは小さくしましょう。まず、いつの時間帯なら学校に行きやすいか聞いてみます。小さな子どもの場合、二、三時間だったら行くということも多いです。

その場合は、二、三時間学校に行こう！ と言います。どの時間だったら学校に行くかを把握して、その時間をスタートポイントにし、そこから段々と学校にいる時間を増やしていきます。ほぼ一日学校に行けていない場合は、第3章で説明した短時間登校を試すとよいでしょう。

第6章

学校外で
楽しむために
学校に行きづらい

学校よりも楽しいことや、危険なことをしたがる子ども

学校に行きづらくなる理由の一つは、校外で楽しいことをしたいために学校に行かないことです。友達とぶらついて、友人の家で時間を過ごしたり、夜更かししたり、テレビを見たり、自転車に乗ったり、ショッピングをしたりすることが楽しくて学校へ行かないのです。違法な薬物や、万引き、物を壊すなど危険な行為をするために学校に行かない子どももいます。

学校外で楽しいことをしたがるのは比較的大きな子どもで、欠席していることを隠そうとします。激しい問題行動はあったりなかったりしますが、欠席を続けるために親やその他の人とケンカをすることは頻繁にあります。結局、今やっていることをし続けたいのです。

◎高校生のまやさんの場合、友達と一緒にいることが楽しくて、この時間を終わらせたくないと思っています。勉強することや学校に行くことについて、まやさんと母親は激しく言い合いをしました。お母さんは学校に行くように言いますが、まやさんは学校は「バカバカしい」と思っていて、卒業する意味もないと考えています。それよりも、友達が学校の外へ行って楽しもうよ、と誘うのに心ひかれてしまっているのです。

こういった子どもの多くは学校のことが特につらいというわけではありません。また、親の

注目をひきたいとか、親と一緒にいたいと思っていることも少なくて、逆に、自分が欠席していることを絶対に知られたくないと思っていることが普通です。

次のどれかに当てはまるなら、この章が役に立つでしょう。

■学校外で楽しいことをしたいという理由だけで学校に行かなくなっている。
■友達と一緒にいたり、その他楽しいことをしたいために授業をさぼっている。
■学校へ行くより、朝寝ていた方がよいと言う。

子どもの考えを変えて、出席状況をよくするために、次のことに取り組みます。

■子どもを観察する。
■定期的に子どもと話し合う時間を作る。
■学校へ行く準備や学校へ行くことについて、書面で契約する。
■教室間の移動の時に子どもについて行く。
■校外に連れ出そうとする友達に何と言ってよいかを知ってもらう。
■子どもへの話し方を変える。

どうしてこれをしなければいけないのですか？

まやさんの例に思い当たるところがあるなら、あなたの子どもは上手に学校を抜け出して、友達と時間をつぶしたり、家でテレビを見たり、ゲームをしたり、学校の外をうろついて、結局学校に戻らないような状態だと思います。

親に隠れてこういう行動をしているのを見れば、イライラしたり、どうしたらよいか分からない気持ちになるでしょう。もっと子どものことをよく見て欲しいとか、どうしてここまで知らせずにいたのか、先生に怒りを感じているかもしれません。このような気持ちはよく分かります。しかし、こういう状況でも、変えなければいけないことがあります。

第一は、あなたか学校職員が、子どもの居場所をいつでも把握しているようにすることです。一生外出禁止にすることとはもちろん違います。子どもの居場所、出席状況はどうなっているかを注意して見るということです。これには、あなたと学校職員の協力がたくさん必要になってきます。そのためにも、学校職員とぎくしゃくしていたりイライラしても、それはひとまず置いておいてください。子どもが学校から抜け出しづらくなるように、定期的に学校職員とコミュニケーションをとって、しっかり注意する仕組みを作ることが必要なのです。

学校の外が楽しいという状況も変えなければいけません。現在は、学校の外にいればたくさん楽しいものが手に入って、学校ではごほうびがほとんどないという状態かもしれません。これは普通のことですが、あまりに当然と思い過ぎていて、出席に問題が出てくるまでほとんど気づかないと思います。しかし、学校にいられなくなっている今、これを変えなければいけません。学校に行けばごほうびがもらえて、学校に行かなければペナルティが与えられる状況を作らなければならないのです。子どもは大きくなると、見たり触ったりできるようなごほうびを欲しがります。どうしたらよいかこの章で説明します。

「特別なごほうびなんか与えずに、学校に行けるようにならなきゃダメでしょう」と考えているかもしれません。それはその通りです。ただし、次のことを記憶しておいてください。今、子どもが学校の外に出ていってしまっているのです。これをまず変えなければなりません。

二番目に、出席できたことに対して、直接ごほうびをあげることをすすめてはいないことです。

学校に行けばお小遣いをあげるように、と言うつもりはありません。それよりも間接的なごほうびを使います。例えば、学校に行けば、お小遣いをもらえる家事をする権利をあげるというやり方です。

三番目に、学校へ行かないことに対してペナルティも作るということです。

ごほうびやペナルティを作るだけでは充分でないケースもあります。まやさんのような難しいケースでは、教室から教室への移動の時にあなたや職員がついて行かなければ、学校から抜け出してしまい、ごほうびをもらうところまでいかない場合もあるでしょう。これは大変難しい状況です。ただ、必ずしもあなたが学校にいなくてもできるような方法も説明します。

まやさんのように学校外で楽しいことをしたくて学校に行かない子どもの多くには、他にも対策が必要な問題があります。学校をさぼろうとそそのかす友達です。まやさんの場合、一人で校外に出ることはほとんどありませんが、友達がさぼろうと言えば校外に出てしまいます。これは大きな問題です。というのも、多くの場合、私たちは子どもを学校に行かせることはできるのですが、友達が子どもに何を言うかはコントロールできないからです。しかし、友達の誘いに対して、子どもが言うことや行動を変えることはできます。この章では、友達の誘いを断る時にできることや、どう言えばよいかをお教えします。

出席のことでケンカが絶えないと思います。学校に行かないというのがどんなに腹立たしいことか考えると、ケンカをしてしまうのも当然です。そこで、出席することや校外の行動について、どうやったらお互いに納得する話し合いにできるか、いくつかアドバイスをしようと思います。これには相当な努力が必要で、両親が次のような状態にあることが必要です。

■この方法を実行しようという意思と能力がある。
■お互いに助け合っている。
■子どもが、学校の外で楽しみたいという理由だけで学校に行かなくなっている。
■教職員と緊密に協力している（ケンカしていてはいけません！）。
■一貫してずっと実行できる。
■子どもとの関係がしっかりしている。

学校が退屈で簡単過ぎる、という理由で学校に行かない子どももいます。こういう場合は、家でずっとコンピューターをしたがったりします。学校がもう少し楽しければ、学校に行かない子どももっと減ると思います！　このケースは、ここまで紹介してきたような、学校の外で楽しいことをするために学校に行かないケースとは少し違います。もし子どもが学校が「つまらない」という理由で学校に行かず、特に友達と外に出て楽しいことをするというのでもなければ、先生と協力して、授業の変更が可能かとか、課外活動を工夫するとか、学校で友達と過ごす時間を増やすなどで、出席を増やすことができないか試してみましょう。

子どもを観察する

学校外での楽しみのために学校に行かない子どもは、学校をさぼっていることを普通は秘密にしています。そのため、学校をさぼっていると知ると多くの親はショックを受けます。しかし、問題が起こってしまったのですから、学校がある時間だけではなくて、一日中子どもの居場所をしっかりと把握しなければいけません。子どもが校外に出て行くようになってきたら、出席時間の大部分をさぼるような事態にならないように、できるだけ状況を把握します。

どうしたらよいのでしょうか？　いくつかアドバイスをお示しします。

■ 学校職員、スクールカウンセラーなどと面談して、学校をさぼったらすぐにあなたにも連絡が入るようにします。しっかりと見守る体制を取ることができる学校もありますし、そうでない学校もあります。しかし、少なくとも授業をさぼったら、できるだけ早く知らせてもらえるようにするのが望ましいです。

■学校が子どもを見守る体制がとれる場合は、校外に出て行きそうな時間帯に注意する体制をとってもらえるかお願いします。昼ご飯の後に校外に出るケースが多いですが、午前、午後の決まった時間に学校を抜け出しているかもしれません。校外に抜け出しているのを発見したら、学校に連れ戻すこともできます。いつ校外に抜け出すのか分からない場合や、不定期に学校を抜け出す場合は、できるだけ一日中観察してもらえるようにお願いします。

■学校を抜け出しそうな時間帯に、子どもに電話させるか、学校職員に連絡をとるようにします。多くの子が午後に学校を抜け出すので、この時間帯に学校に留まらせるため二時頃にスクールカウンセラーの所へ行くように指示し、行っていないなら、すぐに連絡をもらえるようにしておきます。不定期に学校を抜け出す場合は、一時間ごとに連絡させるか、スクールカウンセラーの所へ行かせましょう。

■出席カードを作って、先生にもお願いして授業を受けた証拠にサインをもらい、夜に見せるように指示します。出席カードの例も示しておきました（ワークシート9）。どんな理由であれ、サインがなければ出席していないとみなします。サインがない言い訳は何であっ

WORK SHEET

ワークシート❾ ～出席記録表～

授業（1時間目から記入）	先生の名前	先生のサインと日付

ても受けつけません。

■校外に出た時にどこに行っているか突きとめます。同じ場所に行っていることが多いですが、色々な所をうろつく子どももいます。うろつく場所の名前、住所、電話番号、その他の情報を突きとめます。こうしておくと、必要な時に早く捜せます。校外に出てしまったと分かったら、子どもを見つけて、学校の時間帯であれば学校へ、学校が終わっていたら家に連れ戻してください。学校がある時間は、校外で楽しくできないようにすることが非常に重要です。

■学校が終わっている時間でも、居場所を知る習慣をつけましょう。いつ友達と外出するのか、誰と、どこへいくのか、行く予定の場所の電話番号などを常に報告させます。決められた時間、例えば、一時間ごとなどに報告がない場合は、捜し出して家に連れ戻します。次の日に学校がある日の晩は門限を早くして、金曜日と土曜日の夜は少し遅くしてもよいでしょう。

一番大事なのは、いつでも居場所を把握しておくことです。これはとても大変ですが、どこにいるか分からなければ、捜して学校や家に連れ戻します。居場所を見つけたり、学校や家に連れ戻したりする手助けをしてくれる人に話しておくことをおすすめします。

教職員や、祖父母、親戚、友達、近所の人などにお願いしておきましょう。子どもの友達の親とも緊密に連絡を取っておきます。協力者とよい関係を作り、いるべき場所にいない時にはすぐに連絡が入るような仕組みを作ってください。常に、誰かに見守られている状態であること、校外に出たら捜し出されることが分かれば、校外に出ていくことは少なくなります。ワシの目で、犬のよう嗅覚で、子どもを連れ戻しましょう！

子どもと定期的に話す機会を作る

この章の後半で、学校へ行く方法を子どもと話し合っていただきます。ただし、このためには登校や出席状況を改善するためにできることを定期的に子どもと話すことが必要です。少なくとも数分は、毎晩子どもと話す時間を作ってください。出席カードの記録を指示していた場合は、見せてもらいます。その日に学校であったことや、宿題、何か問題はなかったか、さぼろうという気持ちになりそうだったかなど話しましょう。

子どもと話をする時には、できる限りストレスをかけないようにしましょう。さぼっているのを知られ動揺しているはずですので、ストレスをかけずに話すということはとても難しいと思います。しかし、目標は子どもを支えて、学校に出席する手助けをすることです。

説得したり、批判したり、要求したり、叫んだり、体罰を与えたりすることが役に立たないことは、もうすでにお分かりでしょう。そうではなくて、それぞれの課題をどう解決したらよいか、交渉しなければなりません。

「私がやって欲しいこと（出席など）に一緒に取り組むなら、あなたがやりたいこと（友達と過ごすことなど）ができるように、喜んで協力するよ」ということを知ってもらいます。さらに、山積みの宿題など、出席するために解決しなければならない問題を手伝うことも知らせましょう。子どもと協力しつつ、学校職員の助けを求めれば、全ての問題は解決可能です。

登校・出席についての契約をする

一〇代になると、あれをしなさい、これをしなさいと言っても、簡単に言うことを聞いてくれません。成長が早く、早く大人になりたいと思っています！　つまり色々な意味で自立に向かっているということです。これは自然なことです。そのため、小さな子どもよりも、一〇代の子どもにはより多くの自由を許さなければなりません。

例えば、友達とショッピングモールへ行ってもよいことにしたり、デートしてもよいことにしたりします。しかし、行き過ぎた自立を欲しがるあまり、学校をさぼるなど問題行動を起こすこともあります。このため、子どもがしたいと思っていることと、やってよいことのバランスをどこにとるか、考えなければならないのです。

問題の解決法を交渉することが、一〇代の子どもでは必要です。七歳であれば、部屋をきれいにしなさいと言えばすむかもしれませんが、一七歳の子どもに同じことをしても言うことを聞いてくれないことは多いでしょう。むしろ叫び合ったり、ケンカになったり、とてもストレスフルな状況になるかもしれません。最終的に、合意のようなものを作らないとうまくいかないということに気づきます。

例えば、部屋をきれいにする代わりに、金曜の夜は条件付き（一〇時までに家に帰る、一時間ごとに電話する、予定が変更になったら知らせるなど）で友達と外出してよいとします。


学校をさぼる一〇代の子どもにも同じ方法を使います。自立をしたがっていること、さぼりを減らすには交渉しなければならないことを認識しましょう。もちろん、ひどい要求に何でも応じろということではなくて、お互いに納得できるようにするということです。ある程度自立したいという子どもの要求もかなえるけれど、あくまでも朝に登校して一日学校にいるなどの、あなたの要求を実行できた上でのことというような合意です。

このためにはどうしたらよいでしょうか？　弁護士がするように、書面の契約を作ります。契約は、あなたと子どもが一緒に作ったもので、お互いの要求が誰にでも分かるようにします。

この契約を作るのは、お互いに大変な作業なので、毎晩の話し合いの中で作っていきます。実際の契約書はどんなものがよいでしょうか？　契約書はシンプルにしますが、次の四つのことを必ず入れておきます。

第一に、「権利」の欄です。この欄には子どもがしたいことを書きこみます。権利は見たり触ったりできるものがよいでしょう。友達と過ごす時間や、電子機器（パソコン、電話、タブレット、テレビ）を使う時間、お金、特別なおやつやデザートなどです。家族内で許容できる権利

しか許可してはいけません。例えば、太り過ぎているのに、特別なおやつやデザートはよいごほうびではないでしょう。高価なソフトを欲しいと言ってきても、ためらわずに買えないと言いましょう。

第二は、「責任」の欄です。この欄には、あなたがして欲しいことを書きます。これも見たり触ったりできるものにしてください。時間通りにベッドから出る、学校の準備をする、一日学校にいる、家事をするなどです。能力以上のたくさんのことを要求せず、一度に一ステップごとにする必要があります。

第三は、「権利」と「要求」について合意した時に、署名と日付を書く欄です。こうすることで契約書を「正式」なものにします。言い争ったり叫び合ったりせずに、契約書に基づいて行動したり契約書を示せばよいのです。あなたが話す代わりに、契約書やみんなが署名したという事実を示します。学校へ行くことに文句を言い始めたら、契約書を示せばよいだけです。

第四は、権利と責任をもう少しはっきりさせるための詳細説明の欄です（契約のステップ1のセクション参照）。

SAMPLE CONTRACT

契約書のサンプル

権利

責任

詳細な説明

この契約書に署名した者はこの条件に合意し、
契約書を毎日読み、毎日実行することに合意する。

子どもの署名

親の署名

日付

契約書を一緒に作る

契約書は、家の中の険悪な雰囲気を和らげて、理想的にはそれぞれがやりたいこと、やって欲しいことを実現するためのもので、あなたと子どもで合意して書面にしたものです。片方の要求ばかりを含む書類ではありません。あまりに多くの要求をしてしまって、子どもが一緒に取り組みたいと思えなかったり、自分の言うことを尊重してもらえていないと感じてしまったりする場合もうまくいきません。契約書がうまくいくには、あなたと子どもの間に良好なギブアンドテイクの関係が成り立つことが必要なのです。

話し合いの時に、やりたいことをリストにしてもらいましょう。注意しなければならないのは、学校へ行く代わりにやりたいことのリストを作ってもらうのではありません。学校へ行くか行かないかに関係なく、一般的にやりたいことを書いてもらいます。これを契約書作成の時に「有効に」使うのです。同じように、あなたもやって欲しいことのリスト作ってください。

リストはシンプルに、三つのことから離れないようにしてください。

一つ目は、ゴミ出しのような基本的な家事です。二つ目は、朝に時刻通り登校準備をすること、三つ目は一日学校にいることです。

うまく契約書を使って、学校に出席できるようになったら、合意できていない次の問題に取り組んで行きます。

やりたいこと、やって欲しいことのリストができたら、お互いに見せ合います。学校に行くのは週三日だけにしたいなど、極端な要求はリストから外します。

登校準備をしっかりして、一日学校にいるべきということははっきりさせておきます。ただし、しっかり登校して一日学校にいたら、やりたいことをいくつかさせることも約束しておきます。

最終的なリストができあがったら、最初の契約を実行する準備ができたということになります。ステップ1に進んでください。

column

なかなかベッドから出てきません！

朝起きられずに、学校を休んでしまう子どももいます。思春期の子どもは成長期なのでたくさん睡眠が必要ですが、朝に起きて学校に行かなければなりません。朝起きられないなら、まずは睡眠時間が確保されているか確認しましょう。

- ベッドは寝るだけのもの。ベッドの中で他のこと、読書、テレビ、電話、宿題などをしていないか確認を。
- 起床時間の８時間前には消灯しベッドに入っていることを確認。
- 就寝時間が近づいたらリラクセーション法を練習させる。
- 就寝前にやることを決め、消灯30分前までに行動させる。

起きない時は、 親が、目覚まし時計のスヌーズのように段々と起こし方の強さを変えていくことをおすすめします。

時間通りに起きることについてごほうびやペナルティも、あらかじめ契約しておきます。

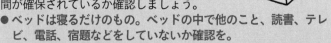

●ステップ1　簡単な契約をする

最初の契約は簡単で、成功しそうなものにしましょう。例えば、家の手伝いで合意する場合を考えてみます。子どもが火曜と金曜にゴミ出しをすることを約束したら、あなたは、それができたら、金曜日の夜に条件付きで友達と外出してもよいと約束する、というような具合です。ただし、火曜日か金曜日にゴミ出しができていない場合のことも合意しておく必要があります。この場合は、金曜日の夜は外出禁止にするというような合意をしておきます。

合意ができたら、契約書❶の権利と責任の欄に書き入れます。契約書を書きあげ、お互いに一字一句読み返して誤解がないか確かめます。質問や変更がないか聞き、必要なら変更します。また、契約書の言葉は明確にします。何時にゴミ出しをして、それを誰がチェックするかなども書きます。契約を説明する文章は、「詳細な説明」の欄に書き込んでください。つけいる隙があってはいけません！　子どもは契約書の隙を見つけて大喜びするかもしれません。

契約書を、お互いに完全に納得していることを確認しましょう。よくないのは、テレビを見たいなどと言って、子どもがおざなりに合意してしまうことです。あなたが条件を飲めない時も契約を完了してはいけません。契約が納得できない間はサインしないようにと伝え、最終的にお互いに契約が妥当だと思えば、署名欄にサインします。

SAMPLE CONTRACT

契約書❶

権利	責任
金曜日の夜に友達と 外出するために	まやは火曜日と金曜日の 午前7時前に ゴミ出しをすることを約束した

詳細な説明

火曜日か金曜日のどちらかでもゴミ出しをしなかったら、
金曜日の夜は外出禁止とする。火曜日と金曜日にゴミ出しが
できているか7時に母がチェックする。金曜日の夜は10時までに
帰宅すること。ももかちゃんとえまちゃんと外出する。
外出先はショッピングモールだけで、1時間ごとに母に電話すること。
この契約書は今週いっぱい有効とする。

この契約書に署名した者はこの条件に合意し、
契約書を毎日読み、毎日実行することに合意する。

子どもの署名　佐藤 まや

親の署名　佐藤 一男・一美

日付　2018/6/8

また、契約期間は一週間以下の短い期間とします。ステップ2の契約書❷で言えば、契約は月曜日から金曜日の五日間で、その後は無効になります。こうすることで、何がうまくいって、何がうまくいかなかったかを振り返ることができ、必要に応じて契約を変えられます。

ここまでくれば、契約を実行に移す準備ができました。どうなるかを見ていきましょう。よくある経過は三つです。

■契約がうまくいった↓先ほどの例では、ゴミ捨てを実行して、金曜日の夜は子どもは友達と楽しんだ！　一番よいシナリオです！

■どちらかが契約を実行しなかった↓先ほどの例では、ゴミ捨てが実行されなかった（その結果、金曜の夜は外出禁止になった）か、ゴミ捨ては実行されたけれど、あなたが金曜夜の外出を許可しなかった（この場合は、あなたが悪い！　反省してください！）。

■契約は忘れられていた、または、何らかの理由でうまく実行されなかった

契約がうまくいった場合は、素晴らしいです！　実際にその通りできたことについて、必ず子ども（とあなた自身）をほめてあげましょう。一緒に座って、解決法を話し合えたことがどんなに嬉しいか伝えましょう。言い合いをするよりはるかによいことです。よくできました！

この場合は二つのことをおすすめします。一つは、この最初の契約を次の月曜日から金曜日か、他の週にも続けることです。もう一つはステップ2にいくことです。

どちらかが契約を実行しなかった場合は、理由を考えます。この例で言えば、なぜゴミ出ししなかったのでしょう？　子どもが忘れたのでしょうか？　課題が難し過ぎたのでしょうか？　契約期間が過ぎるまで、言い合いしたり、ゴミ出ししていないとガミガミ言ってはいけません。契約書とその内容を示し、自分の行動にも注意しましょう。子どもがごほうびを受ける権利がある時は、あなたも契約を果たしてください。金曜日の夜に外出させることを約束したとして、子どもが自分の責任を果たしたらちゃんと外出させましょう。

また、子どもがごほうびを受け取れるように契約を修正します。例えば、契約や課題をシンプルにしたり、ごほうびやペナルティを変更して効果的にします。親が契約を守るのか試すために、最初の契約を実行しない子どももいます。ゴミ出しをしなくても、結局外出させてくれるんだというようにです。約束したことをしなければ、契約通りの結果を実行します。もう一度その契約をしたいとか、もっと簡単な契約にして欲しいと言う場合は、その通りにします。

最後に、契約が忘れられていたり、何らかの理由で実行されなかったりした場合を考えます。

毎日忙しくて、契約が日常の隅に追いやられてしまったのかもしれません。この場合は、お互いに契約書を毎日読んで、権利と責任を思い出すようにします。冷蔵庫の扉に貼っておくと見やすいです。なぜ実行されなかったのか理由も考えて、もっと実行されるような契約を作ります。契約書は、真剣に扱って、最優先事項にして初めて実行されるのです。

最初の契約がうまく行ったら、ステップ2に進みます。うまくいかなければ、雑用など簡単な課題にして契約をやり直しましょう。もっと難しい問題に取り組む前に、最初の契約をうまくいかせることが望ましいです。目標達成まであまりに時間をかけるのはよくありません。

●ステップ2　登校の準備

最初の契約がうまくいって、続けることに合意したら、次のステップは登校の準備です。登校の準備に問題がない場合は、ここを飛ばしてステップ3に進んでください。

ステップ2も、ステップ1と基本的には同じ考え方です。話し合うこと、あなたがして欲しいことと子どもがやりたいことを明確にすること、契約期間を短くすること、最終的にお互いが納得する形にすることです。ステップ2の契約は、とても簡単です。朝、決まった時間にベッドから出るという責任に合意したとします。責任が果たせたらごほうびを与え、できなければペナルティを与えます。契約書❷を見てください。

ベッドから出るだけではなくて、他にも色々な問題がある場合は、139ページの表のように朝の準備を契約に盛り込んでみましょう。

繰り返しますが、親子でしっかり話し合ってください。契約はシンプルにするのが最善で、朝の準備のそれぞれに、権利や責任をつけるのはおすすめしません。朝の準備計画は「ガイド」や「目安」にして、登校準備を時間通りに行うことを責任として、権利を作っていきます。

契約ができたら、次は実行してどうなるか観察します。契約書にしたがって進めばよいので、朝の準備ができないからといってガミガミ言ってはいけません。

column

子どもにやる気がない時

「楽しいことを全部取り上げたのに、まだ学校に行きません」と言う人がいます。気にしていないようだったり、鈍感に見えたり、親が課すペナルティやごほうびに関心がないように見えるかもしれません。しかし、子どもはしっかり気にしています。

この場合は、もう一度話し合い、白紙の状態から再開します。ゼロから始めて、どんなごほうびなら短時間でも学校に行くか聞き、互いに納得できる状態にします。

その際、子どもが楽しめるものをいくつか許可しましょう。例えば、1日30分はテレビを見たりパソコンをしてよいとか、ある夜だけ友達と会ってよいなどです。しかし、ごほうびは、短時間でも学校に行くという約束を果たした結果だということははっきりさせましょう。契約を交わしても、約束を実行しないなら、楽しみは取り上げます。

SAMPLE CONTRACT

契約書 ❷

権利

夜1日だけ10時まで
起きていてもよい

責任

まやは朝6時50分までに
起きることに合意した

詳細な説明

朝6時50分までに起きない場合、
夜は8時50分までにベッドに入らなければならない。
朝6時50分までに起きるというのは、
体が全部ベッドから出ていることです。
目覚まし時計が朝6時40分になるようにセットされているか
母が確認する。
この契約書は今週いっぱい（月曜日から金曜日まで）有効とする。

この契約書に署名した者はこの条件に合意し、
契約書を毎日読み、毎日実行することに合意する。

子どもの署名　佐藤 まや

親の署名　佐藤 一男・一美

日付　2018/7/8

準備ができなければ、契約書に書かれた通りのことをすればよいのです。実行するには、お互いの忍耐力が必要です。二、三週間かかることもあります。

二、三週間この方法を試してみてもうまくいかず、時間通りにベッドから出てこないなら、実行しやすいように契約をもっと簡単にしたり、ごほうびやペナルティを修正したり増やしたりして、もっと効果的なものにします。ごほうびが得られるように、契約内容も修正しなければならない場合もあることも覚えておきましょう。

ようやく一〇時までに用意ができて、学校に行けたとしたら、次の契約はここからスタートします。例えば、次は一〇時までに学校に到着したら、ごほうびがあるという具合です。さらに、一〇時までに学校に到着できるようになったら、九時四五分、八時四五分というように段々と学校に行く準備を早め、それぞれ新しい契約にもりこんでいきます。

早く準備ができなくて、結果的にごほうびがもらえない契約になってしまって、その先学校に行くことすらできなくなるよりは、いつでもよいので登校の準備ができて、学校に行ける方がまだましです。

契約書を作る時は柔軟に考えてください。ベッドから起きて、朝の準備ができるようになったら、ステップ3に進みます。

SAMPLE CONTRACT

契約書 ❸

権利	責任
夜1日だけ10時まで起きていてもよい	朝6時50分までに起きる
夜にテレビを見たり、パソコンをさわったりする	朝8時20分までに朝の準備を完了する
夜にテレビを見たり、パソコン、タブレット、電話を使ったりする	朝8時までに朝の準備を完了する

詳細な説明

●朝6時50分までに起きない場合、その夜は8時30分までにベッドに入らなければならない。●朝6時50分までに起きるというのは、体が全部ベッドから出ていること。●目覚まし時計が朝6時40分までになるようにセットされているか母が確認する。●準備をする時間は母が決める。●準備ができているか7時50分と8時10分に母とまやで確認する。●こうすれば、8時か8時20分までに準備が完了する可能性も高くなる。●8時までに準備が終わらない場合は、その夜のタブレットや電話の使用は禁止する。●8時20分までに準備が終わらない場合は、その夜のテレビ、パソコン、タブレット、電話の使用を禁止する。●この契約書は今週いっぱい（月曜から金曜日まで）有効とする。

この契約書に署名した者はこの条件に合意し、
契約書を毎日読み、毎日実行することに合意する。

子どもの署名	佐藤　まや
親の署名	佐藤　一男・一美
日付	2018/7/30

●ステップ3 学校への出席

出席状況を改善するためには、ステップ1、2で説明した方法を全て取り入れます。つまり、交渉すること、必要に応じて契約（と、ごほうびやペナルティ）を修正すること、契約はシンプルにすること、有効期限は短くすること、ガミガミ言うのではなくて契約書どおりに実行することです。さぼっている時間が少なかったり、さぼっている授業が一、二個だったりする場合は、一日学校にいることを最初の契約にします（契約書❹）。

ほとんど出席できていない場合は、最初は小さなステップで契約をします。短時間登校から始めるということです。お子さんに、いつの時間帯なら登校しやすいか聞いてみましょう。まやさんのような場合は、朝だけだったら学校に行くということも多いです。そういう時は、朝だけ学校に行くように伝えます。

いつなら学校に行けるか調べて、スタートポイントにします。そこから契約書を使って、学校にいる時間を段々と増やしていくのです。

SAMPLE CONTRACT

契約書 ❹

権利	責任
週末に友達と会う	今週は授業を欠席しないことに合意する
土曜日に家の掃除機がけで500円もらう	今週の授業の欠席を1回以下にする
土曜日に家の掃除機がけで250円もらう	今週の授業の欠席を2回以下にする

詳細な説明

- 授業の欠席は先生に決めてもらう。
- 「家の掃除機がけ」は家族のそれぞれの部屋、リビング、ベッドルーム全部、階段、踊り場の掃除機がけをするということです。
- 掃除機がけができているかは、母親がチェックします。
- 1回以上授業を欠席したら、今週末は友達と会うことを禁止します。
- 2回以上授業を欠席したら、家の掃除機がけをお小遣いなしでしなければいけません。
- 掃除機がけをしなかったら、パソコン、テレビ、タブレット、電話は使用禁止です。
- この契約書は今週いっぱい（月曜日から金曜日まで）有効とする。

この契約書に署名した者はこの条件に合意し、
契約書を毎日読み、毎日実行することに合意する。

子どもの署名	佐藤 まや
親の署名	佐藤 一男・一美
日付	2018/8/10

注意：この契約書は今までの契約書に追加して実行

ほとんど出席できていないなら、まず短時間登校を目標にします。次の方法があります。

教室移動の付き添い

契約を守りたい気持ちはあるけれど、学校をさぼりたい気持ちもある。そうこうしながら結局授業をさぼり続ける場合もあるかもしれません。だからといって、ペナルティを課し続ける状態はよくありません。なんとかごほうびをあげることができるような状態を目指しましょう。

この場合は、二つのことをおすすめします。一つ目は授業の移動に付き添うことです。二つ目は学校をさぼろうという誘いを断る方法を教えることです。

教室移動に付き添うことは、子どもを観察する時間を増やす方法に近いです。居場所をいつでもしっかり把握し、出席にはごほうびをあげましょう。教室の移動の時に付き添いをしていても、出席していることにします。これで契約通りごほうびがもらえます。

教室の移動の付き添いとはどういうことでしょうか？　次のような場合があります。

■子どもと一緒に学校に行って、授業の移動の時にも一緒に移動します。あなたにやる気があって、学校も許可してくれるならよい方法です。しかし仕事に行ったり、他の用事があったりするので、難しいと感じる方も多いです。

■誰かに授業の移動を一緒にしてもらいます。親族（特に祖父母）や友達で、付き添ってもらえる人もいるかもしれません。ただし、確実にその人に負担がかかるので、何人かで持ち回りできるならの話です。お願いするのも難しい上、続けてもらうことも難しいでしょう。

■先生にお願いして、クラスメートやその他信用できる人に、教室移動の時に一緒に行動してもらいます。問題があればあなたや先生に報告してもらえるかもしれません。学校職員が付き添ってくれるかもしれません。時間がかかるので実現しないこともあります。

■授業の担当の先生に、次の授業の教室まで付き添ってもらいます。例えば、一時間目の先生が二時間目の教室まで連れていって、二時間目の先生は三時間目の教室に連れて行くことをお願いします。この方法は一人に負担がかからず、出席記録を先生からもらいやすくなります。ただし、先生は忙しい場合も多く、いつでも付き添ってもらえるとは限りません。

付き添いの欠点は、永遠にはできないことです。しかし、理想的には学校にいたことにごほうびを与えていけば、付き添いもだんだん必要なくなるはずです。付き添いつきで二、三週間学校に行けているなら、少し減らすこともできます。

例えば、朝は付き添うけれど午後はしない、というようにです。あるいは、昼ご飯近辺など「逃亡リスクが高い」時間だけ付き添いして、他の時間はしないということもできます。付き添いが少なくなれば、そのまま止めることもできるかもしれません。ただしこの場合でも、学校をさぼるようになってきたら、いつでも付き添いを再開することは伝えておきます。

簡単に想像できますが、多くの子どもは授業の移動の時に付き添われるのを嫌がります。付き添われるのはとても恥ずかしいことです。だからこそ、この方法がさらに効果的になります。子どもが付き添いに文句を言ったら、契約を守って学校にずっといるならやめると答えます。子どもには二つの選択肢があります。学校にずっといて、ごほうびをもらうのか、学校をさぼって移動の時に付き添われるのかです。説得したり、批判したり、怒鳴ったりするのはやめましょう。シンプルに、あなたの選択（学校にいるのか、さぼるのか）で結果が決まるだけと伝えましょう。あれこれ言うのではなくて、契約書とごほうびとペナルティに語らせるのです。

学校をさぼろうという誘いを断る方法

付き添いに加えて、学校をさぼろうと誘われた時にどうするのか、どう言ったらいいのか教えたいと思いませんか？　子どもにどうしたらよいか、どんなことを言ったらよいかを教える必要があります。しかも友達関係を壊さずに、学校にいられる方法です。私は学校をさぼりたくなる場面は避けるように教えています。どんな場面が「ハイリスク」か見つけましょう。

例えば、多くの子どもは、お昼に、さぼろうと誘ってくる友達と会いたくなると言います。この場合は、別の場所で昼ご飯を食べることができないか、違う時間にお昼を食べられないか検討します。どんなことができるか先生にも必ず相談しましょう。その他、更衣室で友達と会うとさぼらないといけない気分になると言う子どももいます。この場合は、更衣室に行く時間などを変更できないか、一緒に検討してみます。

学校をさぼろうと言われたらどうしたらよいでしょうか？　この場合は、誘いを断る方法をアドバイスします。ただし、子どもは「メンツを保ちたい」と思っていることも記憶しておいてください。友達の前で「しらける奴」と思われたくないのです。また、「行きたくない」とあいまいに言ったところで、しつこくさぼろうと言ってくる友達には効果はありません。

そこで、あなたや先生の悪口を言わせて、あなたや先生が学校にいさせると批判させましょう。例えば、「親が一日中ついてくる」「あの先生が俺のことをずっと見張ってる。見つかったら閉じ込められる」というふうにです。または、「文化祭でやることの締め切りが金曜なんだ」と、学校の大きなイベントの締め切りが近いと伝えるのもよい方法です。最終的に、どれもうまくいかない時は、簡単に「またの時にするわ」と言って去るのも方法です。何も話さないことは、会話を止める鉄板の策です。

学校をさぼろうと言われたか、言われた時どう対処したか、毎日話しましょう。批判したり、説教したり、あなたばかり話すことはやめましょう。さぼろうという誘いを断るために、どの行動を変えたらよいか、どう返事をしたらよいか、子どもが考えられるようにサポートして、助けてあげるような姿勢を持ちましょう。

さぼる誘いを断ることができたら、ほめてあげます。学校職員とも協力して、さぼろうと言う友達との時間を最小限にする対策も考えます。

column

学校の代わりになるもの

学年が上がると、勉強が難し過ぎて、毎日出席できない場合もあり得ます。こういった子どもには、代わりになる教育機関を探すのもよいでしょう。

地域によって色々違うので、教師によい教育機関がないか聞くのも一つです。朝だけ夜間だけ、あるいは週末だけのプログラムを開設している学校もあります。

子どもにしっかりとした教育を受けさせて、高校卒業の資格を取得させるのが最終目標です。日本では定時制高校や通信制高校もあります。定時制高校は夕方から夜間に通学する学校で、通信制高校はレポートと通学を組み合わせた学校です。

資格を取得するのが一番重要で、どのように卒業資格を取ったとか、成績がどうだったかなどはそれに比べると重要ではありません。

子どもへの話し方を変える

子どもとケンカばかりしているなら、本章の方法を使ってください。毅然としてぶれない姿勢を保ち、辛抱強く温かく支える姿勢が伝わるように努力します。怒鳴ったり、ガミガミ言ったり、説得したり、批判したりしてはいけません。事態を悪化させるだけです。

頑張っている時は、邪魔をせず、悪口を言ったり、脅したり、皮肉を言ったり、黙りこんだり、過去の失敗や問題をくどくど言うのはやめましょう。こんなことをしても何も生まれない上、解決法を探そうという気持ちが子どもから失せます。目の前のことに集中して、今何ができるかを考えましょう！　一緒に契約を作って、子どもが言うことを真剣に聞きます。難しい問題にまじめに取り組んでいたら、ほめてあげましょう(あなた自身も)。あなたならできます！

あまりに子どもとの溝が深過ぎて、契約も、他の方法も使えないと思われることもあるかもしれません。あまりに長いことケンカし続けたために、家族だけでは対話の方法も変えられないということもあります。子どもの行動に「うんざり」(または子どもが親の行動にうんざり)して、ストレスがたまり過ぎて、この章の方法ではどうしようもないと思う人もいるかもしれません。このような場合には、専門家に相談することをおすすめします。

第7章

不登校の予防と特殊な場合

不登校の再発を予防する

以前より楽に登校できるようになっていたら、おめでとうございます！　とても頑張ってこられたと思います。ただ、この状態をどうやって保ったらいいのだろう？　とも悩んでいるかもしれません。多くの方が、登校するようになっても、このままの状態を維持するにはどうしたらよいか悩んでいますし、このようにしっかり考えるのはよいことです。不登校の再発を予防するには、次のアドバイスを記憶しておいてください。

出席できるようになったら、全て正常に戻ると考えている方が多過ぎます。「うまくいっている時は、放っておいた方がよい」と、出席に問題が出ても話し合いをしない親もいます。

ケンカや駆け引き、緊迫した雰囲気など、また以前の状態に戻るのは問題です。そうなって欲しくはありません。不登校の注意サインが出ても無視したり、見ないようにしたりするのはよい方法ではありません。この本を読む前の状態に戻れば、将来もっと大きな問題になる可能性も高いです。

そうならないために、効果的だった方法は毎日続けなければいけません。大変だとは思いますが、そうしないと全部初めからやり直すことになって、さらに状況は悪くなるし、かなりのストレスになるでしょう。不登校につながるような注意サインには、常に気をつけている必要があります。つらそうにしていたり、体の症状を訴えるようになったり、学校に行きたくないと言うようになったり、朝の準備に支障が出てくるなどはその一例です。

学校が漠然とつらいと思っている子どもには、体の「感覚」をコントロールする方法を続けます。登校しながら体の不快な症状をうまくコントロールしていきます。

人と関わったり人前で何かすることがつらいと感じている場合は、リラクセーションの方法に加えて、もっと現実的に考える方法（「シンカアリ、エライ！」法）を続けます。

親と一緒にいたくて学校に行きづらくなっている場合は、朝の準備計画、ごほうび、ペナルティ、簡潔な指示出しを続けましょう。

学校外で楽しいことをしたいために学校をさぼる場合は、居場所、出席状況を監視して、契約をし、必要なら学校に付き添い、さぼろうという友達の誘いを断る助けをしましょう。

関係する部分を時々読んで、大切な箇所には印をつけてください。登校を続けるために必要な方法は、親子で忘れないように身につけておきます。実行すれば欠席が完全に無くなるとは言い切れませんが、将来深刻な問題が起こることを防ぐことはできるでしょう。

つらさの程度、朝の問題行動、出席状況の記録は毎日続けましょう。みなさん忙しい毎日を送っているわけですから、記録をやめたくなる気持ちは分かります。しかし、私が見てきた限り、登校に問題を抱えたことがある子どもは、後々同じような問題を抱えることがあります。

再発を減らす方法の一つは、継続して行動を観察することです。親が見守っていることが分かれば、欠席する可能性は低くなります。常に居場所を把握して、完全に出席している場合でも、必要ならば出席状況を記録させましょう。さらに、学校で誰かに様子を観察してもらい、出席に問題が起きたり、起きそうな時には知らせてもらえるようにします。

関係する教職員と通年しっかり連絡を取り合いましょう。教職員とよい関係を保つことは、不登校の問題を解決して、再発を予防するため

に欠かせません。そうすれば、子どもが学校から逃げ出してもすぐに知らせてもらえます。

また、不登校の兆候が出てきたら教えてもらえるようにしておきましょう。気分の変化、ひとりになっている、宿題をやってこない、激しい行動などは特に気をつけなければいけないサインです。さらに家で、登校時に問題が出てきたら、すぐに教職員に知らせます。このようにすれば、すばやく対策が立てられて、問題を小さな芽のうちに摘み取ることができるのです。

子どもを脅かすものや校内の環境が不登校につながりそうだと思う時も、教職員と面談しましょう。子どもを脅かすものとしては、いじめっ子や子どもを脅すような生徒などがあります。校内環境の例としては、子どもに対する先生の態度が悪いとか、カリキュラムが適切ではないとか、変わった生徒に風当たりが強いとか、学習環境が悪いなどがあります。このようなことを訴え始めたら、出席が難しくなる前に先生に会って、解決策を探しましょう。

毎晩少なくとも一〇分は子どもと話す機会を作って、学校の様子を聞きましょう。問題を未解決のまま溜め込ませてはいけません。学校であった嫌なことを聞いて、不登校につながるような問題の解決を手伝ってください。この本で紹介した方法も練習させ、子どもを支える姿勢でいましょう。自分の時間を削って、あなたが進んで学校の話を聞くようになったと分かれば、子どもはもっと前向きに一緒に取り組もうとするでしょう。学校に行きづらくなるのももっともだというような問題が出てきた時には、できるだけ早く教職員と必ず話し合います。出席の問題は小さいうちに摘み取り、学校から逃げ出したくなる時間や、そういう時にどう対処しているかも聞くことが大切です。

休日もこの本の方法を実行してください。祝日や夏休みの時も、リラクセーションの方法を練習して、他の子どもたちとも遊ばせます。朝の準備も続けて、睡眠も充分とらせ、あなたもやるべきことをやりましょう。休みの時も、ごほうびやペナルティを与え、簡潔な指示を続けます。居場所、誰と過ごしているかも常に把握しましょう。

こういった方法を繰り返し行えば行うほど、無意識的にできるようになって、「第二の天性」ともなります。こうなれば、ゆくゆくは不登校を防ぐことができるでしょう。

また、学校に戻れたんだという成功体験を思い出させましょう。学校に行くようになって、私もとても嬉しいし、偉いと思うよ！　と時々伝えてください。登校していることを当然と考えないでください。学校に行こうと頑張っている時に、うまくいった時の写真を撮っておくのもよいかもしれません。一人でバスに乗れた時、一人で校舎に入れた時、他の子どもに話しかけることができた時、口頭発表ができた時、コンサートで演奏できた時などです。これはすごい達成です。子どもをほめてあげましょう！　今も登校を続けているという、本人にとっては難しいことをしていることもほめてあげるのです。

登校についてのささいな文句は無視し続けましょう。学校の文句を言ったり、親と離れるのが嫌と泣いたり、気分が悪いと言って、あなたを「試す」ことがあるかもしれません。子どもを支える姿勢を保ちつつも、こういう言動をかまい過ぎるのはいけません。あなたが色々言うよりも、ごほうびとペナルティと契約があなたのメッセージだというようにしましょう。

学校の文句を言い始めても、心配し過ぎてはいけません。親の中には、「またきた！」「元に戻ってしまうのでは」と思う人もいます。しかし、そうではありません。親がどんな反応をするのか見ているのです。何も免除されないし、学校にはやっぱり行かなければならないし、親は誘いに乗らないと分かれば、学校への文句は段々となくなっていきます。

子どもは毎日学校に行くべきと考えましょう。これは一番大事な姿勢です。つまり、学校は休むのではなくて、出席すべきとあなたが思っていなければなりません。毎日です！

こういう姿勢でいれば、朝どうしたらよいか悩まなくてすみます。子どもが家にいていいのは、非常事態（ひどい悪天候、重い病気）の時だけだからです。少々気分が悪くても、学校へ行かせるのが大変だとしても、学校へ行かせるためにできることは何でもしてください。一日欠席してしまうよりは、六時間のうち四時間でも出席できた方がはるかによいということを覚えておいてください。少しでも出席させるよう、常に働きかけましょう。

最後に、後戻りしてはいけません！　いったん学校に行って、授業にも出席できるようになったら、これが最低限のラインと考えましょう。学校に行かなくてよいようなそぶりを見せたり、欠席したりする余地を与えてはいけません。学校をさぼるようなら、捜し出して、ペナルティを与えます。しっかり学校に出席していたら、必ずごほうびをあげましょう。

家庭や子どもに特殊な事情がある場合

家庭や子どもの事情で、本書がうまく使えない場合もあることは充分に理解しています。私がよく出合うケースをご紹介しましょう。

一つは、子どもが登校する前に、親が出勤しなければならない場合です。この場合は誰か別の大人が子どもと一緒にいて、学校に行かせるようにします。実際に学校に行っているか必ず確認して、行っていなければ何が悪かったのかチェックしましょう。

出席の問題が解決しないにもかかわらず、誰も学校に連れて行くことができなければ、子どもを学校に送ってから出勤できるように仕事を調整してみる必要もあるかもしれません。難しい場合もあると思いますが、子どもの出席の問題を最優先しなければなりません。

もう一つの特殊な場合として、家族の中に何人か学校に行きづらい子どもがいる場合があります。違う年齢の子どもが学校に行きづらくなっていることもあるでしょう。または、一人が学校に行きたがらないと、もう一人も真似し始めて、ぐずぐずしたり、かんしゃくを起こしたりする場合もあるかもしれません。

それぞれが同じ理由で、例えば、親と一緒にいたいからなどで、学校に行きづらくなっている場合は、紹介した方法をそれぞれの子どもに使えばよいでしょう。それぞれが違う理由で学校に行きづらくなっている場合は、それぞれに合わせた方法を使ってください。または、二

人に両方の方法を使うということもできます。二人ともにリラクセーションの方法を練習させて、二人ともに朝の準備計画とごほうび、ペナルティを与える方法を使うという具合です。

もう一つの方法は、ほとんど学校に行けていない子どもや、一番難しい状態の子どもに時間の大部分を使うというやり方です。こういう子どもは一番年上の場合が多いです。この場合も本書の方法を使って、この子どもに集中してください。他の子どももこの様子を見ているうちに、同じような経過をたどって、自分で学校に行くようになることもよくあります。

そうでなくても、一番難しい状態の子どもが学校に行くようになれば、次の子どもに集中して時間を使うことができるようになります。このような状況で一番大事なことは、助けを得ることです！　朝の準備や登校を手伝ってくれる人を捜しましょう。

もう一つの特殊事情として、発達の問題を持っている場合です。勉強についていけない学習障害を持った子どもや、自閉症や知的能力障害などより深刻な発達の問題を抱えた子どもなどです。この場合は必ず先生と協力して、本書の方法を使いながら、特別支援学級や通級指導教室の活用を検討しましょう。これは短時間登校を計画する際には特に大事です。学校の先生とも頻繁に会って、どの問題が解決可能か話し合いましょう。例えば、読字障害を持つ子どもが学校の勉強をしたがらない場合、学校でごほうびをベースにした学習プログラムを行ってもらえると役に立つかもしれません。

それぞれの場合で対処が異なりますが、共通することは、教職員としっかり協力して、できるだけ早く不登校の問題を解決することです。話し合いに参加して、短時間でも登校できるように自分ができることを行って、不登校の問題を解決したいのだという姿勢を見せましょう。私の経験では、教職員も、罰則を課すよりも、子どもを学校に戻すことの方に力を注ぐものです。

この本が役に立たなかった時はどうしたらいい？

本書が役に立つことを祈っていますが、もしも状況に変化がない時はどうしたらよいでしょうか？　例えば、短時間登校をするようにはなったけれど、一日登校までは行っていないとか、学校に行くようにはなったけれど、まだ不安が強いようだとか、どの方法もうまくいかなかったという人もいるでしょう。

では、どうしたらよいでしょうか？

いくつかの原因が考えられます。まず、本書をまだ充分に長い時間続けていないということがあり得ます。とても大変な状況で、すでにずいぶん辛抱を重ねていると思います。しかし、変化が起こるまでには少なくとも二、三週間は必要です。

さらに、不登校だった期間が長ければ長いほど、登校までには長い時間がかかります。不登校になるまでに長い経過があった場合には、それだけ問題を解決するには時間が必要です。ですから、まだ二、三週間しか本書を試していないようなら、もう少し続けてください。

それから、本書をいつまで続けるのか、学校の先生に会って期限を設定してください。例えば、先生と三週間この方法を試しましょうということになったのなら、三週間後に本書の方法がうまくいっているか評価してください。もしうまくいっていなければ、修正するか新しい方法を試すのも一つのやり方です。

次に、一貫して実行していないという可能性もあります。これが一番よくあることです。子どもの状態は全く予想ができないので、親の中には「悪い時」には本書の方法を使って、「よい時」には使わないという人がいます。これは間違いです。

多くの親は朝に子どもがどんな行動をするだろうかと待ちかまえて、子どもの行動を見てそれに合わせて行動します。例えば、ある朝は子どもがぐずぐずしていたので、朝の準備計画の方法を使うけれど、別の日にはあまり問題がなさそうだから、朝の準備計画は適当にしてしまうという具合です。

一貫性を保てないことには、いくつか問題があります。

第一に、親のペースに子どもを合わせるのではなくて、常に子どもの行動に反応して子どものペースで親が動くことになる点です。そうではなくて、子どもはあなたの期待、ルール、ごほうび、ペナルティ、基準に合わせて動かなければならないのです。例えば、常に朝の準備計画や契約を使うことで、子どもは常に、あなたが作ったルールで行動することになるのです。その逆にはなりません。

第二の問題は、親が一貫性を保たないために、子どもが真剣に受け止めなくなることです。子どもは親を手本としています。親が本書の方法を真剣に考えていなければ、子どもも軽く見るようになります。

最後の問題は、親は自分の思い通りに動かせるし、学校も休めると思わせてしまうことです。親が本書を「やめる」可能性があったり、学校を休ませてくれる可能性があると思わせてしまったりすると、ますます親を試すようになります。


本書が役に立たない他の問題があるかもしれません。登校させようとしている時に、普段とは違う出来事があったのかもしれません。

例えば、赤ちゃんが生まれたとか、家族の誰かが病気になったとか、自動車事故、失業、突然の引っ越し、その他、学校以外に心配な出来事が起こっているかもしれません。この場合は、子どもを登校させる準備がしっかりできているかもう一度考えてみましょう。

準備ができているなら、新たな問題をどう解決して、登校の問題に取り組んでいくかを考えましょう。母親が入院していたら、誰か子どもを学校に連れて行ってくれる人はいますか？

もし、まだ充分に不登校の問題に取り組む準備ができていないと思うなら、学校の先生と緊密に連絡を取り合って、現在の状況を伝えましょう。同時に、不登校の問題にいつから取り組むのかスケジュールを立てます。また、家庭学習や塾を活用して、あなたがどんな大変な状況でも、子どもが教育を受けられる方法を探しましょう。子どもの教育を遅らせてはいけません。

最後の原因として、本書があなたのケースには完全には合わない可能性もあります。第1章やその他の章で、本書があまり役に立てない場合を示しました。その中には、不登校の期間が長期に及ぶ場合とか、不登校に加えて他の重い問題行動がある場合とか、家族間で激しく仲たがいしている場合などがあります。

こうした状況で本書の方法が適用できないならば、精神科医や臨床心理士に相談してください。そういった専門家は、子どもや家庭の中で起きている深刻な問題をうまく整理してくれます。多くの場合、不登校がこういった問題の現れの一つでもあります。専門家は、あなたが抱えている問題を整理して、すぐに取り組む援助をします。

もっと専門的な情報

本書は科学的研究の成果と、私が幅広く子どもの不登校に取り組んできた経験に基づいて執筆したものです。背景にある専門的な情報は必ずしも読む必要はありませんが、不登校の性質、原因、評価、治療についてもっと知りたい人もいるかもしれません。

困難ではありますが、書店や図書館、インターネットで情報を収集し、参考にするのもよいかもしれません。

おわりに

最後まで読んでくださり、ありがとうございました！

子どもをもっと苦痛なく学校に行かせようとするあなたの姿勢はとても立派です。本書で説明したことが今もこれからもお役に立つことを祈っています。

何よりも、あなたは一人ではありません。多くの親が同じような状況で戦っています。多くの専門家もこの問題を研究しています。

一緒に頑張って変化を起こしましょう！

C・A・カーニー

訳者あとがき

信頼できる不登校の解決法を探していました。

私は町の精神科医です。勤務先の近くには子どもを診察する専門の精神科医がおらず、離れた場所の児童精神科医の診察も長い予約待ちです。私のような大人を専門とするクリニックにもお子様が来られます。不登校は、相談の上位を占めています。

しかし残念なことに、私自身が不登校の対応について体系的なトレーニングを受けているわけでもなく、一人一人にかけることができる時間も限られています。そのため日々、信頼できる本を探していました。特に、ご家族が指針として実践できる本です。

調べてみると不登校関連の本はたくさんあります。読んでみるとなるほどと引き込まれる本も多いのですが、個人的な経験に基づくものがほとんどでした。また、実際には本を読むだけではなく、その治療者の指導を受けなければ実践が難しいものもあり、保険診療をする医師の立場からは安易に勧めることができません。研究に基づくというものもありましたが、学会で発表したとか、論文といっても大変少ない数の例を記述したものでした。

私は大学で研究も行っていますが、こういった研究は信頼できるとはなかなか言えません。信頼できる研究は、数名の専門家が科学的に信頼できると判断し、科学雑誌に掲載されることが最低限必要です。さらに数値による解析や、ち密な手続きを繰り返した分析が求められます。国内の学会発表は、専門家が信頼できると判定する過程をほとんど経ていないので、信頼できるとは必ずしも言えないのです。

そこで海外に目を向けて発見したのが本書です。著者は米国の大学の心理学部特任教授で、「子どもの不登校と不安障害のクリニック」を運営しています。数々の国際科学雑誌に研究を発表し、長年、実践と研究を積み重ねた方です。内容もそこが聞きたい！　というところを説明してくれて、誇大に広告するわけではなく、しっかりと限界も記載したうえで、紹介してくれます。

著者は明示していませんが、本書は認知行動療法という多分野で有効性が証明されている心理療法の考え方に基づいています。これであれば、クリニックに来られる方にも、読者の皆様にも自信をもって紹介できます。

最後になりますが、企画を採用してご指導くださった創元社の渡辺明美様、かなり大変な編集をしてくださった林聡子様に心から御礼申し上げます。また、実際に翻訳文を読んで批評してくれた妻、幼稚園・小学校教諭の経験からアドバイスをくれた母、励ましてくれた子どもたちに感謝したいと思います。

本書を不登校のお子様を持つご家族ばかりではなく、教育関係者やカウンセラーにもぜひ活用して欲しいと思います。皆様のお役に立つことを心からお祈りしております。

平成三十年五月十七日　今井必生

MEMO

著者

C・A・カーニー（Christopher A. Kearney）

ネバダ大学心理学部特任教授、同大学の不登校・不安障害クリニックの責任者。不登校、緘黙、虐待児童のPTSD、不安障害の専門家。不安障害や不登校についての研究で、多くの受賞歴がある。

著書に『不登校の認知行動療法』（岩崎学術出版社）、『先生とできる場面緘黙の子どもの支援』『親子でできる引っ込み思案な子どもの支援』（学苑社）などがある。

訳者

今井必生（いまい ひっせい）

1976年、北海道札幌市生まれ。京都大学総合人間学部、北海道大学医学部卒業。精神科医。京都大学医学研究科／社会健康医学健康増進・行動学分野研究員。医学博士。厚生労働省認知行動療法研修事業スーパーバイザー。

著書に『生老病死のエコロジー　続』（共著、昭和堂）、『青春期精神医学』（共著、診断と治療社）、訳書に『カプラン臨床精神医学テキスト DSM-5診断基準の臨床への展開 第3版』（共訳、メディカル・サイエンス・インターナショナル）などがある。

不登校《ふとうこう》の子《こ》どもに親《おや》ができること

～4つのタイプ別対処法《べつたいしょほう》～

2018年8月20日　第1版第1刷発行

著　者　　C・A・カーニー
訳　者　　今井必生
発行者　　矢部敬一
発行所　　株式会社　創元社
　　　　　本　　社　〒541-0047　大阪市中央区淡路町4-3-6
　　　　　　　　　　TEL.06-6231-9010（代）　FAX.06-6233-3111
　　　　　東京支店　〒101-0051 東京都千代田区神田神保町1-2 田辺ビル
　　　　　　　　　　TEL.03-6811-0662（代）
　　　　　　　　　　http://www.sogensha.co.jp/

印刷・製本　株式会社 太洋社

R・D・フリードバーグ、B・A・フリードバーグ、R・J・フリードバーグ 著
長江 信和 、元村 直靖 、大野 裕 訳

A5判・並製・176頁
ISBN 978-4-422-11348-7

子どものための認知療法練習帳

本書は、パデスキーらの大人向け『うつと不安の認知療法練習帳』を参考に、著者たちが、チャートやイラストを多用して、心の問題をもつ子どもがセラピストとともに認知行動療法を効率よく利用できるように工夫した子どものための練習帳。対象年齢は8歳から11歳くらい。気分障害や不安障害をはじめ、衝動的な暴力行為、広汎性発達障害や双極性障害など、広範囲の子どもに適用可能。最先端の臨床と研究に基づき、初学者にも利用しやすい。

P・ラウフ、A・ミュリエル 著
慶應義塾大学医学部心理研究グループ 訳

四六判・並製・240頁
ISBN 978-4-422-11677-8

子どもを持つ親が病気になった時に読む本
――伝え方・暮らし方・お金のこと

子どもを持つ親が重い病気になった時、問題になるのが「子どもへの伝え方」。本書は、ハーバード大学附属病院の“親が病気の時の子育て支援プログラム”で患者さんに渡されるガイドをベースに作られている。子どもへの告知のしかたから、心のケア、暮らし方、お金のことまで、今まで誰も教えてくれなかった、親の病気という家族の大問題への対処法を具体的に示唆。子どもの発達に合わせて対応できるように、年代別に解説されているのも嬉しい。